高次元宇宙からのメッセージ

神言密教書　玄天《こくてん》経典　第三巻

白龍虎俊
HAKURYOU TAKETOSHI

幻冬舎MC

高次元宇宙からのメッセージ

神言密教書　玄天《こくてん》経典　第三巻

一二〇〇年の時を経て甦る壮大な〝プロジェクト〟

宇宙からのシグナルを受け止めれば、我々が進む道は見えてくる——。

人間が持つ本来の心を取り戻し、新時代の扉を開くための〝導きの書〟。

高次元の光の存在からのメッセージを受けて、聖地に隠された数々の暗号とメッセージを解き明かす。

——すべては希望に満ちた、新たな未来への道しるべ。

弘法大師の壮大な計画である玄《こく》天《てん》経典が一二〇〇年の時を経て、〝未来への道しるべ〟として現在に甦る。

大龍王の称号を得た弘法大師を含む〝光の存在〟は、高次元の知的エネルギー生命体であり、我々にわかりやすいように神仏としてメッセージを送ってくる。

白《はく》龍《りょう》　虎《たけ》俊《とし》

目次

五．守りの式神である猫『八雲』と結界――　173

はじめに

光の民への案内人 異方人 〝光明方示《こうみょうほうし》〟

光明方示

光明方示は、我々の次元とは〝異〟なる高次元の光の民からのメッセージを人々に示して、魂を正しい〝方〟向に導く〝人〟という意味で『異方人《いほうじん》』といわれる。

「この世の空《むなしゅう》を追い求め、友愛の心で慈悲を考える異方人《いほうじん》」『異方人光明方示《こうみょうほうし》』と名のる。

玄天《こくてん》経典の発刊に寄せて

この書の中には〝光の民〟と言う言葉が頻回に出てくる。

〝光の民〟とは、五次元、七次元の高次元の知的エネルギー体であり、我々の三次元世界を創造した宇宙的な存在である。

その存在は、我々人間にわかりやすいように、神仏を名のってメッセージを送ってくるのである。

この書は真実を伝える書であり、小説などのフィクションではなく、光の民から伝えられたメッセージや実際に我々の周りに起こった出来事をありのままに伝える書である。

玄天《こくてん》経典とは

平安時代は、次元が定まらず不安定な時代であり、多くの人々の魂が邪に支配されていた。

その平安時代という次元の変遷期であるターニングポイントにおいて、弘法大師、光の民である帝《たい》釈天《しゃくてん》と桓武天皇の三人で、未来の世が正しい方向に向かうために、今後成すべき計画が話し合われた。

玄天《こくてん》経典《きょうてん》とは、弘法大師が計画した一二〇〇年間に渡る壮大計画を書き記《しる》した書であり、我々の世界の〝未来への道しるべ〟なのである。

次元が不安定であった平安時代において、弘法大師、帝釈天《たいしゃくてん》と桓武天皇の話し合いの場に、もう一人、槍を持った少年が参加していた。その少年は、天神様として祀られている菅原道真公の祖父、菅原清公《きよきみ》であった。菅原清公《きよきみ》は、弘法大師、帝釈天《たいしゃくてん》と桓武天皇で話し合われた内容、〝未来への道しるべ〟を玄武経典《げんぶきょうてん》として巻物に書き残した。

菅原道真公は、その玄武経典《げんぶきょうてん》を自宅の書庫で見つけて目を通し、その内容を理解し、再度、書として書き記《しる》した。それが玄天経典《こくてんきょうてん》である。

この玄天経典《こくてんきょうてん》は、時を経て、光の民と通信を行っていた平将門公の手に渡った。民衆のために蜂《ほう》起《き》することを決意した平将門公が、新宿にある鬼王神社《きおうじんじゃ》で娘の皐姫《さつきひめ》に最後の別れを告げた時、この書は遠い先の世において、世の中を正しい方向に導くための重要な書になると伝え、その玄天経典《こくてんきょうてん》を大切に保管するように皐姫《さつきひめ》に託したのである。

残念ながら、現在、その玄天経典《こくてんきょうてん》は失われてしまっている。

玄天経典《こくてんきょうてん》を発刊する意義

私は、弘法大師から白龍《はくりょう》虎《たけ》俊《とし》というペンネームをいただき、現代版の玄天経典《こくてんきょうてん》を、人々の〝未来への道しるべ〟として出版し、多くの人に読んでいただくように命じられた。

これは私に課せられた重要な使命の一つである。

大師から「この書が多くの人に読まれて広まることで、この世が正しい方向に向かう力となる」というメッセージをいただいている。

難解な言葉を用いている書は世に多いが、多くの人々にその内容が伝わらなければ何の意味も成さない。現在版の玄《こく》天《てん》経典《きょうてん》は、光の民のメッセージを、多くの人に伝えることを主眼として書き記《しる》した。

光明方示《こうみょうほうし》が日々、光の民から通信を受けた内容が詳しく彼の口から発せられ、その言葉を録音しそれを文字に起こし、その難解な内容を整理し、できるだけわかりやすい言葉を用いて記録した。

大師から「光の民から指定された神社や寺、湖などの聖地を現地調査し、そのデータや光の民からのメッセージを大師から授かった馬鹿羅《ばから》の手法を駆使してそこに隠された真実を解き明かしていくこと自体が玄《こく》天《てん》経典《きょうてん》そのものなのだ」と伝えられている。

その内容を書き記《しる》して世に送り出すのが、現在版の玄《こく》天《てん》経典《きょうてん》なのである。

玄天《こくてん》経典 第一巻と第二巻

大師が各地の聖地に、我々が解き明かすべき暗号やアイテムを隠し、一二〇〇年の時を経た現在、我々は、光の民のメッセージを受けて現地調査を行ってそれらの謎を解き明かし、玄天《こくてん》経典《きょうてん》にその内容を公表している。

弘法大師の壮大な光の民の計画を記した玄天《こくてん》経典《きょうてん》が、一二〇〇年の時を経た現在というターニングポイントにおいて、我々の〝未来への道しるべ〟として甦《よみがえ》ったのである。

この玄天《こくてん》経典《きょうてん》の内容は、高次元の存在から直接伝えられた真実の情報であり、どの書物にも記載されていない、世界で〝唯一無二の貴重な情報〟である。

玄天《こくてん》経典《きょうてん》は世の移り変わりとともに内容が変化していく

玄天《こくてん》経典は、この世の流れが変わっていくことと連動してその部分の内容も変化していく。物事が変わったことを説明しながら、その内容が変わった理由がきちんと説明できるのが玄天《こくてん》経典の強みであるという。

玄天《こくてん》経典というものは、時が来るまでの間、新しい流れの時代が始まると、その時代には何が問題であるかを常に問いながらそれを説明して進んでいく。これこそが玄天《こくてん》経典であるという。

玄天《こくてん》経典の内容には、我々の常識では理解しがたい難解で奇想天外なものも多く含まれているため、すんなり頭に入ってこない部分も確かにある。しかし、その部分は、次元の重なりを考慮して、思考を柔軟にして理解していただき、ぜひ、光の民に寄り添いつつ、一歩先の未来へと歩みを進めて頂きたい。

皐姫《さつきひめ》の慰神碑が完成した二〇二一年夏頃から、日本三大怨霊といわれる菅原道真公、平将門公、崇徳天皇の過去の歴史が正され、この三つの成功した時空が、歪んだこの世の時空と並行して未来に向かって進んでいる。

時空は補正されながら進み、やがて三つの成功した時空と歪んだこの世の時空が融合し、本来あるべき正しい時空ができ上がるのである。

今後の予定

二〇二一年十一月に玄天《こくてん》経典第一巻が出版され、二〇二二年五月に第二巻が出版された。

今後、数年にわたり、およそ半年間で一巻ずつ、玄天《こくてん》経典を世に送り出していく予定である。

大師から、この書は、光の民である神仏の真の言葉をわかりやすく伝える現代版の玄天《こくてん》経典であり、四神《ししん》の白虎《びゃっこ》の役割を担う私が執筆し、世に送り出すように伝えられている。

大師から「最終的に、この世が正しい方向に向かい、この三次元世界が安定したとき、この玄天《こくてん》経典が完結する」と伝えられている。

ビジターセンター・北辰北斗七星方堂《かくどう》

ビジターセンター・北辰北極星方堂《かくどう》

ピラミッド星座観測所

バイオレットケア

コスプレスタジオドリームノア旧館

皐《さつき》姫《ひめ》の慰神碑

コスプレスタジオドリームノア新館

スタジオ・北辰南十字星白堂《びゃくどう》

天上夢幻の花壇

弘法大師からのメッセージ

ここに記す『弘法大師からのメッセージ』は、現代に生きる我々に向けて、弘法大師から公明方《こうみょうほう》示《し》に直接伝えられた言葉であり、他の書物に記されたものではない。

神々よ、願わくば、我が生涯魂とあれ。

そしてたくさんの希望の木を枯らすことなく、愛《いつく》しみの心を持ちし、未来を照らし給え。

井の中の蛙大海を知らず、されど空の青さ深さを知るなり。

日本人は外国を知る必要はない。なぜなら神が我々を正しい進化に導くからである。

常識や書などに囚《とら》われることなく宇宙に目を向けよ。

自分も含めて歴代の大予言者は、皆、宇宙を意識し天文学、数字そのすべてを学んだ。

そして、自分はこの井の中の蛙のために、しかるべき時が来たときのために詩を残したのである。

色々な人たちと出会うと、人間の愚かさと醜さに耐え忍ぶ。

動物は正直できれいである。

曇りのない空の〝空〟という漢字をすべて〝むなしゅう〟と読む。

〝空〟は〝くう〟に非ず。人はむなしさを背負い、本当の〝から〟と〝くう〟になる。

それすなわち空《むなしゅう》なり。

心が〝むなしゅう〟ということは、心を〝から〟にするために悲しさや苦しさを背負うことである。

心を〝から〟にするためには、色んな雑念や情報を捨てなければならない時がある。

それらを捨て去ることによってどんな繋がりも切れることになる。

その空《むな》しさを感じなさい、身体で感じなさい。

無限〝∞〟の意味は〝∞〟を縦にすると8になる。

そして八つの〝無〟の教えがある。

それは無教、無意識、無益、無縁、無情、無性、無色で七つの〝無〟となり、それすなわち無敵なり。


人は人として生きるべし。されど神の証《あかし》を重んじよ。

法それすなわち人が決めしもの。

情それ神の証《あかし》なり。

人情欠くものに情をかけるなかれ。

それすなわち仏の教えなり。


夢それ見るもの、しかり夢それ抱くものなり。

見るもの前に進まず。

抱けば未来を開ける欲のうつつとなる。

生涯人のために生きよ。

さすれば人が其方を生かすなり。

それすなわち人生《にんせい》なり。


小さな努力の積み重ねが、やがて大きな成果につながる。


これからの未来の扉を開けるために必要なのは、他人を思いやる優しさ、そして夢と希望である。

新しい一つの未来を照らすことが、先の未来を照らすことにつながる。


神々の言葉を受けること、それを人々に訴え伝えること、それには、重大な責任が伴う。

その言葉を受け、それを親身に考え進むこと、それこそが、慈悲のなし得る空《むなしゅう》なり。


施しを受けて礼を尽くさぬ者に施すなかれ。

これ仏の道なり。


私は思う、自分の今の無力さに。

私は気づく、財なきものは無力な時代だと。

私は願う、神に力が欲しいと。

私は知った、神がいることを。
私は探した、神の使者たちを。
私は救われた、神の使者たちの力で。
私は感じた、神の使者たちが明るい未来の扉を開けることを。
私は感謝した、神の使者に出会えたことを。
私は確信した、神の使者たちが仏であることを。
そして私は見る、奇跡が現実になる様を。

有無事《ゆうむごと》、すべてを凪祓《なぎはら》い、我御魂《みたま》の灯火《ともしび》焼き尽くした時、空《むなしゅう》の答え其処《そこ》にあり。

弥勒は一人にあらず、神の命により民が一つになりて、個々の光を集めし時、弥勒は、本来の力を取り戻し、光明を照らすであろう。

空《むなしゅう》、叢雲《むらくも》、雷、風、雲の五つの文字が示す五つの心が五神の心であり、今の人間が持たなければならない御魂《みたま》の心なり。

我が身我の者《もの》であらず、我が真意一人であらず、我が御心、天と地と海なり、そのすべて空《むなしゅう》なり。

神を敬《うやま》う心を養ふ、仏を信じる心を養ふ、人と助け合う心を養ふ、夢・希望を実現する行動力を養ふ。敬信協力主体。今、この時、物部《もののふ》、心。

もののふとは武士であり、武士道のことをいう。

今、この時期、神の綻《ほころ》びを組み立て直し、仏のしがらみを解き放し、人の醜さを切り捨てる。

信じることなかれ、信じるとき、信じる人《たみ》、人生《たび》を示す。

嵐になろうと、雪が降ろうと雨が降ろうと、海は変わらず、大地は嵐になれば乱れ、雪が降れば凍り、雨が降れば崩れる、空《ひなしゅう》を埋めるには、我は海になりて変わらず世を照らす空《そら》になりけり。

入定留《にゅうじょうる》身《しん》の意味

不死也半條命、腐食無双の意なり。

＊二〇二二年十月十四日、北九州の羽山神社にお参りする前の夜中、大師からのメッセージである。苦しい状態で死にゆくが決して死んではいないことであり、これは肉体は朽ち果てていけども唯一他に例えるものはない、と意味であろうか。

己を知る為、まず私を知れ。人を知る為には、その人の本当の心を理解しなくては、真実の言葉を聞くことはできぬ。我の意志は、もう届かぬところにあるのかもしれぬ。神場を去った後でも、生きよ、精一杯に生きて、皆の礎になってくれ、今まで、ありがとう。

帝釈天の御魂の人へ、真実に進む空間を与えてくれて有り難う。
そして、鬼の世に、人である事実を知る時間をいただき有難う。
未来に進む勇気をいただき有難う。
そして、有難う御座います。

空海は、空《むなしゅう》の答えを探し求め、『地宙《じちゅう》』はその永門の答えを有難うだと理解した。

希望の先に何もなく、絶望の先に光あり。
夢を抱くもの夢叶わず、夢を信じるもの夢にたどりつく。
真実を見るもの偶然は見えず、偶然を疑うもの真実が見えず。

世の中は、空《むなしゅう》の海を彷徨《ただよ》い、地の上で宙を舞う。これ『地宙』なり。
※現在、『光明方示』は、『光明方示地宙《じちゅう》』と名のる。

光明的無限の言葉
一．神義《しんぎ》は心身《しんみ》であり、心我《しんが》のごとく真《しん》をつらぬく。
二．我妄影牢《わもうかげろう》のごとく、現《うつつ》の十鬼《とき》を手飾《てら》す。
三．空素《からす》の歩一《とふ》は、神妙《しんみょう》に時金《ときん》の遷《うつ》り。
四．明子《みょうし》は、妙星《みょうせい》の極《きわみ》であり、末界《みかい》の玉《ぎょく》の証《あかし》なり。

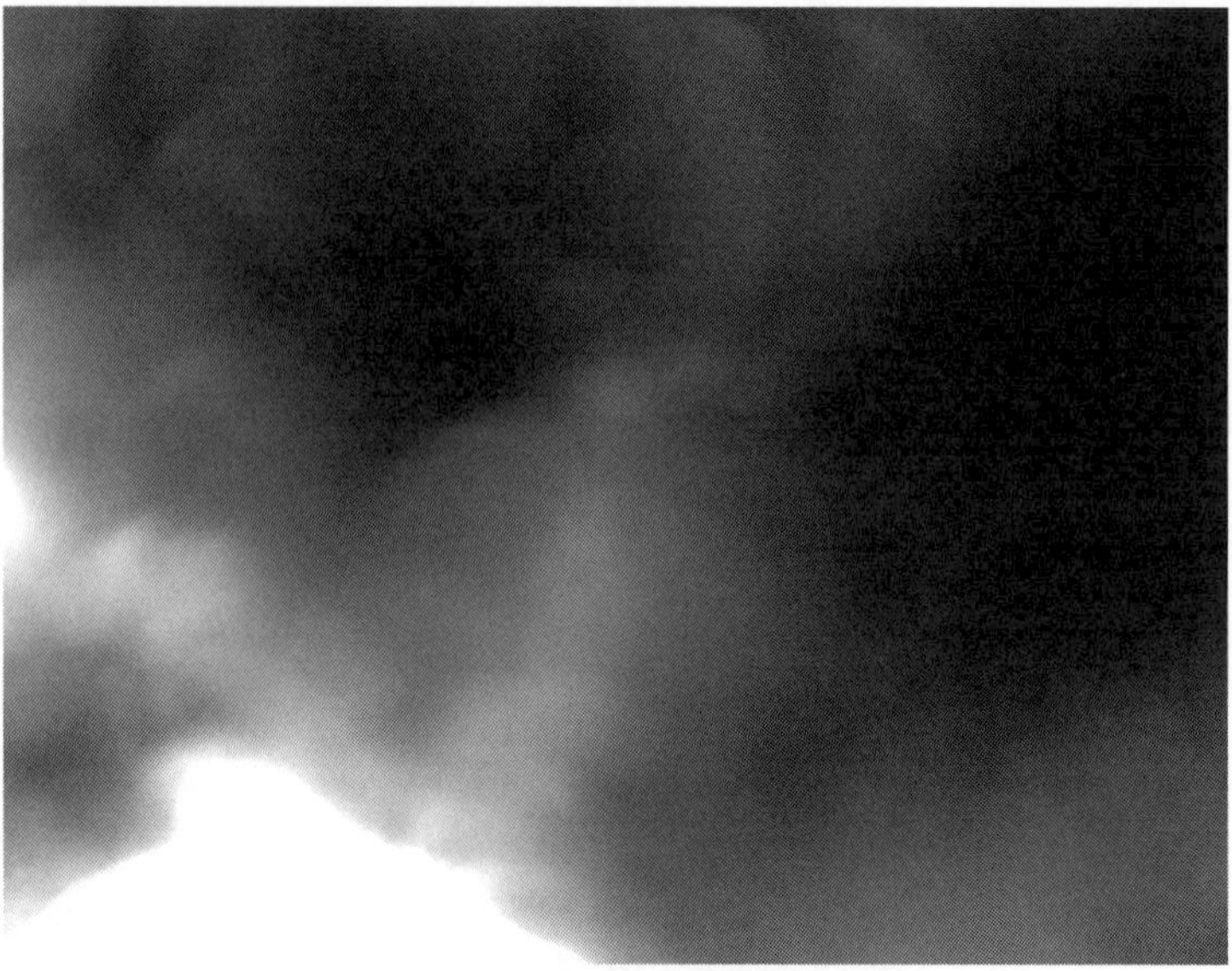

ポケットの中で映り込んだ大龍王の称号を得た弘法大師の顔

序章

第一条件.『光明方示《こうみょうほうし》』という人物について

現在、光明方示《こうみょうほうし》と名のる人物が北の聖地にいる。

ここで、この人物について説明しておく必要がある。

光明方示《こうみょうほうし》は北の聖地で生を受けた。彼は幼少の頃から不思議な能力を持っていた。彼は、その後、弘法大師や龍王から多くの導きを受けて生きていくことになるのである。

この玄天経典《こくてんきょうてん》の内容は、我々日本人が通常、神仏と呼ぶ高次元の存在から、彼が日々受け取る通信内容を忘れないうちに話してもらい、それを録音し後で文字に起こしてまとめたものである。決して、専門書の内容を参考にして書いたものではないことをお伝えしておく。

この書の著者である私も、宗教関係、神仏に関する知識はほとんどなく、光明方示《こうみょうほうし》が受け取った通信内容をわかりやすくまとめているだけである。

光明方示《こうみょうほうし》は、高等教育を受けたわけではなく研究者でもなく、長年、左官職人として働いてきた。彼は高等学校に入学して卒業はしたが、その高等学校の最初の授業は、九九のかけ算から始まる程度の学校であったという。

彼の口から発せられる神仏から受ける通信内容は、科学的、宇宙的、哲学的でもあり非常に高度な内容である。

彼の知識レベルから考えて、このような高度な内容が彼の口から発せられるという現象は常識の範疇では考えられないのである。

彼の口から発せられるその内容は、神仏の世界の仕組み、人が生きる意味や御魂《みたま》について、人類の創造や宇宙の進化、来たるべき新しい世界、高次元の生命体、高次元の仕組みや多元宇宙や平行宇宙、次世代のエネルギーのヒント、近い将来あるいは未来に起こりうる出来事や注意すべき事など、広範囲にわたって興味深い内容が具体的に述べられているのである。

これらの膨大な範囲にわたる内容を詳細に検証してはいないが、他の専門書などには一切書かれていないと思われる高度な内容である。

玄天《こくてん》経典《きょうてん》は既に二巻が発刊され、今回は三巻目になるが、その内容は以前より増して、広範囲にわたり、より具体的かつ高度な内容になってきている。

この玄天《こくてん》経典《きょうてん》に記された内容は世界でも唯一無二《ゆいいつむに》の情報であることは間違いない。ぜひ、様々な専門家にも読んで頂き検証してご意見を頂きたい。

第二条件・『光明方示《こうみょうほうし》』の通信方法

光明の光の民との通信方法は、多くあり、それらは非常に興味深いので紹介する。

彼が就寝してから朝方まで、うとうとしながら多くの時間を光の民との通信に費やしているため、多分、彼は一日に二、三時間ぐらいしか熟睡していないと思われる。

彼の通信方法でユニークなことは、光の民ときちんと会話できることであり、彼は分からないことを遠慮なく何度でも聞いて、光の民はその質問に理解できるまで何度も説明してくれるのである。したがって、その通信内容は具体的になり、詳細な内容になるのである。

数年前までの初期の頃は、例えば、光明が寝ているとき、弘法大師が単独で光明に種々の内容を伝えてくるケースが多かったが、最近では、複数の神仏が同時に昔言葉で話し、一度に同時に複数の神仏の話を聞き、その内容が頭に流し込まれるという。

光明がその内容を確実に覚えるまで、朝方まで、何度も繰り返し教えられるのである。そのような方法で通信を受ける時には、情報量が多いため、度々混乱することもあるという。

昼間でも、頭にイメージや言葉が流れ込んでくることも多い。例えば、車で神社などの聖地を訪問したとき、その神社に関係する神の情報や真実の歴史などの情報が伝えられる。この場合、時と場所に関する情報がタイムリーに得られるのである。

彼は、以前から、光の民から米国の有名メーカーの携帯端末を使うように言われており、その端末で電話したり動画を撮影したりしているが、弘法大師をはじめとする光の民は、彼の携帯端末を使って情報を伝えてくることが多い。

我々はあるＳＮＳを使って連絡し情報を共有することが多い。確かに彼の発信名（アカウント）で彼の携帯から、文章や画像などの情報が我々に送られてくるが、その文章は昔言葉で難解であり、しかも誤字脱字もなく、内容はメッセージ性の強い内容となっている。そのような場合、彼の携帯をチェックすると、彼の携帯端末からの発信履歴がまったくないのである。

通常、この現象はあり得ないことであり、これは光の民が携帯端末を自由に操ることができる事を示しているのである。

その他にも光の民が携帯端末を用いて通信してくる不思議な出来事を多く経験している。

次の事例は、私も経験しているのだが、スイッチを切った状態で携帯端末をポケットに入れているのに、勝手にスイッチが入り、動画を撮る事がある。これは後で気づくのであるが、動画がきちんと撮れているのである。その動画にはその場所にない被写体が撮影されており。その内容は非常にメッセージ性の強いものである。

このような不可思議な現象というより奇跡に近いことが、我々の周りに頻繁に起こるのでなれてしまっている。

これらの事象の詳細はここでは書かないが、本文の中に記載するのでぜひ注目して読んで頂きたい。

第三条件．光の民による導き

光明方示《こうみょうほうし》は、幼少のころから、不思議な体験や数多くの奇跡を体験することになる。彼の不思議な能力を心配した両親は、伯父《おじ》さんである阿闍梨《あじゃり》に相談した。

阿闍梨《あじゃり》である伯父《おじ》さんは、彼の〝宇宙とつながる能力〟をこのままにしておくと、それを好ましく思わない勢力（この世を裏で支配する物質的宇宙人）から命を狙われると考え、彼の安全を優先して彼の宇宙とつながる能力を五十歳になるまで封印したという。

光明が五十歳になると、〝宇宙とつながる能力〟の封印が解かれ、さまざまな光の民から通信が入ってくるようになった。

その通信は、より具体的であり、彼は〝弘法大師〟や〝光の民〟と会話ができるようになっていった。

その内容は、具体的にどこどこの神社やお寺、山やお城などの聖地を回るように導きがあり、その聖地を回ることで、始まりの力、終わりの力、天狗の力、蔵王権現の力など、さまざまな力が授けられた。

光明は、弘法大師や多くの光の民の導きに従い、ただ一心に神社などの聖地を回り続けたのである。その結果、この世の創造について、人と神仏との関係、高次元の光の民について、宇宙の成り立ちや宇宙の方程式、多元宇宙や並行宇宙について、人の御魂について、聖と邪について、世の不合理について、未来のあるべき世の姿について、人間の正しい進化についてなど、今まで人々には知られていない重要な内容が通信として送られてくるようになった。さらに通信内容は年月を重ねるにつれてより具体的に詳細なものとなっていった。

弘法大師は、光明に「其方の身体は空《から》の器である」と言う。

〝空《から》の器〟の意味は、二つある。一つ目は、弘法大師や光の民からの通信内容を素直に受け取って人々に伝えることができることを意味する。二つ目は龍神や光の民が、今いる場所にいづらくなった時、彼の身体と光の民から認証を受けた式神が宿る車を使って、その場所から、居心地の良い場所に移動するのである。

彼の身体は、いわば、龍神や光の民のタクシーの役割をするのである。

第四条件．ドラゴンプロジェクトの発足

光明は、〝光の民〟の導きのままに人生を歩み五十歳になっていた。

今まで、弘法大師や龍王からのメッセージに従って一途に歩んできた。そして彼は五十歳になり、宇宙とつながる能力の封印が解かれ、さまざまな光の民から通信が入ってくるようになった。

二〇一九年十月に青龍、白虎、朱雀、玄武の四名の資格者が東京のあるイベントで集まる機会が訪れた。

この集まりが発端となり、我々は、弘法大師が打ち立てた一二〇〇年にわたる壮大な光の民の計画を遂行するため、全国各地の聖地に隠してきた暗号を解き明かし、新しい未来を切り開くこととなった。

弘法大師は、今の世界に必要な二十三項目のうちの二十一項目をすでに成し遂げており、残された二つの事を成し遂げるよう、我々資格者に託したのである。

それは、今、未来の扉を開ける重要な時期にきているからである。

白虎は、青龍の力を持つ光明から弘法大師のメッセージを聞き、弘法大師の一二〇〇年にわたる壮大な光の民の計画を実行するため、多くの人を新しい未来に導く〝ドラゴンプロジェクト〟を立ち上げた。

第五条件．我々は、次の三つの未来のいずれかに進む

白虎は、光明に初めて会った二〇一九年十月から一ヵ月後、光明から「白虎だけにしか聞かせてはならぬという三つの未来」という弘法大師のメッセージを聞いた。

光明が語る大師からのメッセージをICレコーダーに録音した一時間ほどの内容であるが、すでに光の民から排除されプロジェクトから去った裏朱雀、裏玄武が録音内容を聞こうとして、言葉巧みにICレコーダーを持ち去って聞こうとしたがスイッチすら入らなく聞くことはできなかったのである。

この不思議な現象を、我々は〝神ロック〟と呼んでいる。〝神ロック〟とは、音声データや画像データを見せたり聞かせてはいけない人間には、そのデータが入っている携帯やレコーダーなどがロックされてしまうことをいう。場合によっては、機器が破裂して壊れることすらある。

私はこの録音を六回聞いて内容の全てをメモした。その後、一段落ついたので外出した。帰ってきてICレコーダーのスイッチを押したがスイッチが入らなかった。これは私が十分聞いたと判断されてスイッチが入らなくなったと解釈している。その後、このICレコーダーを光明に送ったが、録音データが全て消えていたという。

我々は、このような説明がつかない不可思議な現象を日常、何度も経験している。

〝三つの未来〟の内容が問題になる箇所であるが、この詳細な内容について語ることは、大師から固く禁じられている。しかし、大きな流れだけは伝えておきたい。

第六条件．未来の三つのシナリオ

我々の未来には、次の三つのシナリオがある。

今は、ドラゴンプロジェクトを進めていることで、次の三つの未来のうちの最悪の未来はなんとか避けられた。今後、我々はプロジェクトをさらに進めて、より多くの人が次の新しい未来へ移行できる次のシナリオ三．の未来を目指している。

どの方向に進むかは、人々の意識と行動で決定されるのである。光の民は、自らが努力をしない人類に手を差し伸べることを決してしない。正しい進化の道に進むには、我々人類と光の民との共同作業が必要だからである。

未来のシナリオ一．　流行病から争いの流れとなる。プロジェクトが発足してから、上手く進行していることで、現在は最悪の事態は避けられている。現在、病原性の強い病気の蔓延と世界規模の争いによる〝破滅〟を避けたタイムラインを進んでいる。しかし、油断はできない。

未来のシナリオ二．光の民から証《あかし》が与えられたごく一部の人だけが、次の新しい未来へ移行する。この三次元世界は残るが、今後、この世界は厳しい環境になっていく。

未来のシナリオ三．より多くの人が光の民に寄り添うことで、できるだけ多くの人が次の新しい五次元世界へと移行する。一方、この三次元世界では環境を配慮した新しいエネルギーシステムが使用され、この世界に残った人々は光の民に寄り添いながら正しい進化の方向へ歩み始める。

第七条件．ドラゴンプロジェクトのコンセプト

〝未来の扉を開けるために必要なのは、他人を思いやる優しさ、そして夢と希望である。新しい一つの未来を照らすことが、先の未来を照らすことにつながる〟

できるだけ多くの人が光の民からのメッセージを正しく受け止め、人間本来の優しい心を取り戻し正しい進化の道に進んでいくことが、我々ドラゴンプロジェクトの使命である。

第八条件．ドラゴンプロジェクトの始動

今、この世の人々を正しき道に導く最も重要な時期が到来している。これを我々はターニングポイントと呼ぶことにした。

この世を正しき道に導くために資格者が選ばれ、それぞれに、四《し》神《しん》の力である青龍の力、白虎の力、朱雀の力、玄武の力を使って、人々を正しき道に導く使命が与えられた。

それぞれの資格者は、光の民の力を少しずつ受け取り、光の民の導きに沿って互いに協力して人々を導き、次の未来の扉を開けることとなる。

帝《たい》釈《しゃく》天《てん》は、この乱れた世を救うため、天界のルールに反して契《かい》此《し》天《てん》（布袋の剣を持つ姿）や毘沙

門天より先に下界に降りた。

白虎は、ある菩薩を介して帝《たい》釈天《しゃくてん》の御魂を授かって生まれてきた。白虎は、来たるべき時に備え着々と準備をしてきた。

二〇一九年十一月、白虎が中心となり、青龍の力、白虎の力、朱雀の力、玄武の力を持つ資格者たちを一つのチームにまとめ、人々を正しき道に導く活動を開始したのである。

第九条件．我々は未来の扉を開ける

この乱れた世の人々の魂を救うために、四《し》神《しん》の力が与えられた資格者が集まって協力し合い、光の民の導きにより、それぞれが青《せい》龍《りゅう》、白虎、朱雀、玄武、黄龍の力を使い一つの未来を信じて力を注ぐ。今、我々は未来への扉を開け、新しい未来を迎えようとしている。

弘法大師から「神々よ、願わくば、我が生涯魂とあれ。そして、たくさんの希望の木を枯らすことなく、愛《いつく》しみの心を持ちし、未来を照らしたまへ」という言葉をいただいている。

第十条件．ドラゴンプロジェクトの内容

ドラゴンプロジェクトの内容は多岐にわたる。

我々は、光の民の描いた未来図に沿って進み、人としての正しい魂のあり方を説き、多くの人を次の新しい未来に導く。

光の民から通信を受けた神社や聖地の調査とその内容の公表（進行中）、全国の龍道や結界の強化（進行中）、光の民のメッセージを伝えるYouTube〝ドラゴンチャンネル〟（進行中）、菜食料理をテーマとしたYouTube〝白龍《はくりょう》cooking〟（進行中）、玄天《こくてん》経典の出版（進行中）、〝時代に翻弄された英雄達の真実の歴史〟の出版（進行中）、〝天部の戦いと弘法大師の偉業〟の出版（進行中）、光の民のメッセージを広める小説とまんがの出版とその映画化（進行中）、北の聖地での〝龍神里親フォーラム〟（進行中）、〝全国のパワースポットを巡る一三《いさ》の旅〟（進行中）、安倍晴明と関連する陰陽道系の神社や聖地の調査とその歴史と秘密の解明（進行中）、コスプレ・レンタル・スタジオ〝ドリームノア旧館〟と〝ドリームノア新館〟でのコスプレ撮影やイベント（進行中）。

全国の八十ヵ所の聖なるダムと二十一ヵ所の聖なる温泉と山の調査（完了）、全国の八大龍王の解放の神事（完了）、全国の二十三ヵ所での孔雀明王の調査と月読尊《つきよみのみこと》の解放の神事（完了）、八つ化け頭巾（麻布）を釈迦如来に納めて天上夢幻の力をいただく神事（完了）。

式神が宿る車を紹介するイベントと式神が宿る車の販売（進行中）、全国四ヵ所での神社祭りと四《し》神《しん》の舞コンテスト（準備中）。

施設の建設：式神が宿る車を作る〝キリーク・ファクトリー〟（２０２３年9月完成予定）、心身を癒やすマッサージ施設〝バイオレット・ケア〟（２０２２年12月完成）、式神がついた猫を育てる猫カフェ（２０２３年6月開始予定）などである。

身を癒やす整体とマッサージ施設〝バイオレット・ケア〟

帝釈天《たいしゃくてん》の式神がついた車

一．ドラゴンプロジェクトという組織

第一条件．組織の一員としての覚悟、組織名称〝銀河防衛チーム〟

我々は、今まで苦難も悲しみも多々あった、至らぬ点もあった。しかし、それをなんとか乗り越え、今、ようやく一筋の光が降り注いでいる。

いつか、未来において、その一筋の光がやがて〝希望〟という大きな光となってこの世を照らすことをただ信じて進む。

大師から、「其方たちは、地球防衛軍のような働きをする組織である」と伝えられている。我々の使命は、〝この世界を次の新しい世界に導く次元上昇を成功させ、安定した宇宙（銀河）や次元が形成される〟ことである。

そのため我々の組織の名称を〝銀河防衛チーム（ギャラクシー・デフェンス・チーム）〟として、活動している。

第二条件．この組織は人々を導くためにある組織

光明は大師から次のようなメッセージを受け取って私に伝えてきた。

「今、其方たちはさまざまな神仏の力添えのもとで進んでいる。まず、この神仏の言葉を親身に受け入れ、迷うことなく進めることに、この世界の未来がかかっている。新しいことを創造するにあたって、さまざまなしがらみ、今までの教えや常識を根底からひっくり返すことが其方たちに要求されている。この組織は、世の人々を導くためにある組織であり、特定の一部の人を救うこと、個人の興味を満たすこと、お金や思想のためのものではない。世の人々のために、まず自分の生活をいかに犠牲にできるかが重要である。自分のしたいことや興味、欲望、そのような気持ちを、いかに世の人々の導きに向けられるかが大切である」

以前から大師の言葉として類似の内容のメッセージを受け取っていたが、私も光明もこのメッセージは、我々の組織のあり方を示す重要な内容を示していると認識している。

第三条件．白虎が一つの文章を組織のメンバーに送り、組織が締まり正しい道に進む

二〇二一年一月二十三日午前七時、大師から光明に、「白虎が一つの文をメンバーに通達し、それにより組織が締まり正しい道に進む」という通信があった。

私はこの大師のメッセージを聞いていなかったが、新しいスタッフも加わることになり、今後、さ

らに姿勢を正して進めていく必要があると考え、なぜか二〇二一年一月二十三日の午前十一時に空港のロビーから、スタッフに向けて、今後の仕事の方針や取り組み姿勢などについての厳しい文章を送信していた。

大師によると、その意味は、その文章を送信した日付一月二十三日と一緒なのだという。

それは、一月二十三日は、一、二、三、つまり一《ひ》、二《ふ》、三《み》となり、〝虎《こ》孤《こ》十《と》斗《と》乃《の》歩《ふ》〟と読み、その意味は〝物事がきちんと定まって整う〟という。

大師は、組織の〝物事がきちんと定まって整う〟を、一月二十三日の一《ひ》、二《ふ》、三《み》という数字で表したのである。

第四条件．光明の前に白虎が現れたタイミング

光明が左官の仕事をしている数年前のことである。

世話になっている会社から仕事の依頼の電話がかかってきた。今回は遠出になるが、車で寝泊まりしてもよいので、富士山の麓《ふもと》のロボット工場に行ってくれと頼まれ、そこで一ヵ月位働いた。

その場所の上空に、三角のＵＦＯが頻回に飛んでいた。それは米国で開発している新型の戦闘機らしい。その地で試験的に飛行しているのであろう。そのうち、光の民からの通信で、この地は危険だから違う場所に移りなさいと通信があった。

数日後、以前勤めていた会社から光明に次の仕事の依頼があった。その会社の仕事は、土日は休み、

雨降りは休みで仕事がないので当然暇になるので給料が安かった。
光明は給料が安く稼げないので、違う職場へ移ろうとしたが、大師から「それはならぬ」と言われた。光明が「それは何故ですか」と聞くと、大師は「其方は人に会わねばならない。そのためには時間が必要だ。近々、ある人物に会うことで必ず虎孤十斗乃歩《ここととのふ》ことになるから今は我慢しなさい」と言う。

大師の指示により、三年程、そのように時間が作れる安い給与の仕事をして、貯金を切り崩して生活してきた。その頼みの貯金はもう底をつくようになっていた。もう金銭的に限界にきていたため、奥さんに相談して、横浜の知り合いの会社の仕事に切り替えようとしていた。しかし、大師は「それはならぬ、其方を助けてくれる人が、二〇一九年一〇月一四日に必ず会うことになり、〝虎孤十斗乃《ここととの》歩《ふ》〟ことになる」と伝えられた。

この通信は、二〇一九年の夏頃の話であり、白虎の私と光明が、新宿で開かれたイベントで初めて会った日が、なんと二〇一九年一〇月一四日なのである。
大師からの通信の通り、私は二〇一九年一〇月一四日に光明に会って、今後の進むべき方向を決断したのである。

二．御魂、この世界と神仏の次元

第一条件．一二三《ひふみ》で、等価交換と鏡面反転が〝人生の三つの教え〟

大師は、〝人生の三つの教え〟について語った。

大師は、一二三《ひふみ》、等価交換と鏡面反転の三つは、人が生まれてから死ぬまでやること、つまり人生に当てはまると言う。これは重要な三つの人の生き方を示している。

〝一二三《ひふみ》で〟の意味は、〝一《ひ》〟で最初の〝踏み〟を一歩未来に踏み出して進むという意味である。

〝二《ふ》〟は、中間地点で生きている人生の質がそこで定められていくという。良い生き方か悪い生き方をしているかが〝二三《ふみ》〟の時点で分かるという。〝二《ふ》〟は、弥勒菩薩と弘法大師が人の生き方を見極めることをいい、それによって人の在り方が変わっていくという。

それが一二三《ひふみ》での意味であって、その人の生き方を光の民に見られた後に等価交換が行われ、その人の行き場所が決められる。

先に進めない人は一二三《ひふみ》での振り出しに戻されて、最初からやり直しをすることになる。

光の民からの評価が高い人は上の次元に上昇する。人の人生は、一二三《ひふみ》に始まり、大師に終わるという言葉が当てはまり、それが神事につながるという。

最後の鏡面反転は何かというと、一二三《ひふみ》を鏡面反転させると、三二一で大師が入定《にゅうじょう》し大龍王となった日である三月二十一日になる。これは大師が人生全てを導いていることを意味するという。

一二三《ひふみ》、等価交換と鏡面反転が、大師の〝人生の三つの教え〟を表す三つの言葉である。

大師は、この〝人生の三つの教え〟をみんなに伝えてほしいと語った。

第二条件．一二三《ひふみ》、鏡面反転と〝虎狐十斗乃歩《ここととのふ》〟

一二三《ひふみ》で〝虎狐十斗乃歩《ここととのふ》〟という。

一二三《ひふみ》の鏡面反転である三二一は、大師が入定《にゅうじょう》されて大龍王となった日である三月二十一日の三二一を表す。

大師は、「虎狐十斗乃歩《ここととのふ》の意味はここ段取る、ここ始まることである」と伝えてきた。

要するに、大師が段取りを引き受けて未来は整うということを意味する。また、〝虎狐十斗乃歩《ここととのふ》〟は、鏡面反転の馬鹿羅《ばから》によって進められ、様々なことが鏡面反転によって行われることも意味するのである。

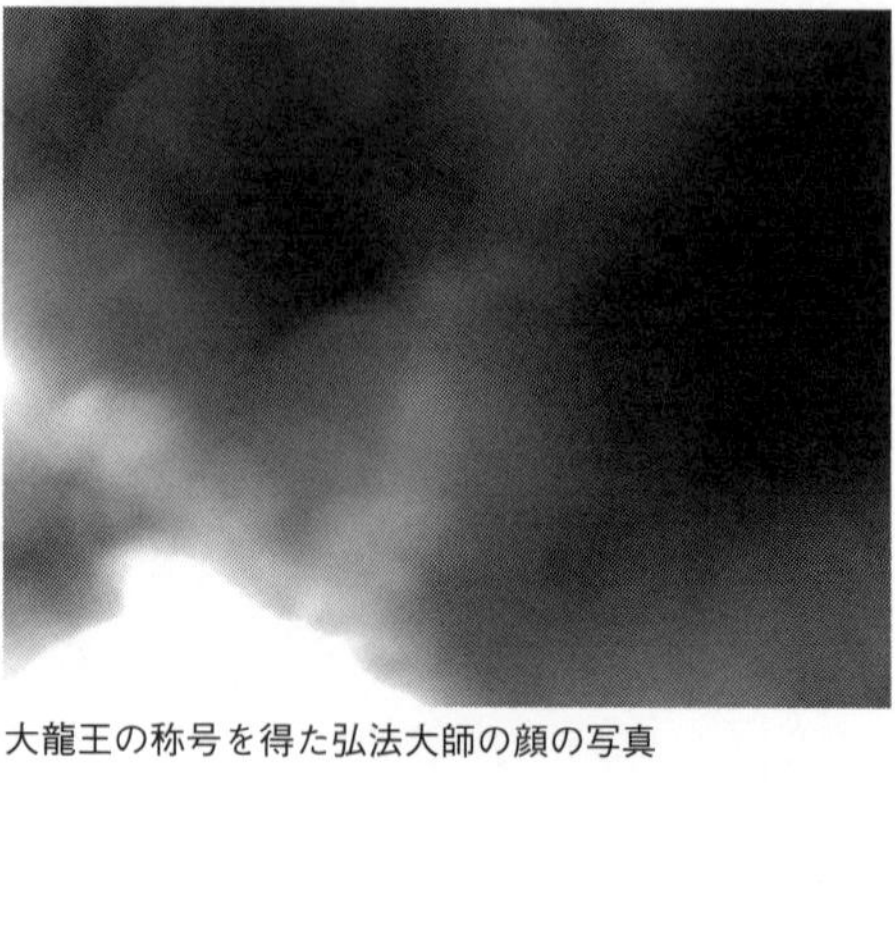

大龍王の称号を得た弘法大師の顔の写真

第三条件．一つの御魂がこの世に降りて正と邪に分かれた

〝一つの御魂がこの世に降りて正と邪に分かれた〟ことに関して、光の民から、この組織の関係者を例に挙げて通信があった。

皐姫《さつきひめ》が、四神《ししん》の御魂を持って生まれてきた人間に対して「其方たちにはもう後がない。次元上昇までに残された仕事をきちんとやりなさい」と伝えてきた。

四神《ししん》の御魂を持って生まれてきた人間は、自らが進んで次元上昇までに残された仕事をきちんとやり遂げることを承諾してこの世に降りてきたという。それらの四神《ししん》の御魂は、それぞれ正と邪の二つに分かれて人に宿ったという。

つまり、正の四神《ししん》の四名と裏の四神の四名の計八人の人間がおり、それらの正と邪の御魂はそれぞれが、我々のプロジェクトに関与した。

一つの御魂がこの世で二人に分離したが、元々は同じ一つの御魂であったという。そして正と邪は表裏一体となっており同調しているという。

大師から「邪の方に分離した人間は、邪の方向に生きることとなり、それに対して鏡面反転と等価交換が働き、今後、彼らの人生は徐々に厳しくなっていく」と伝えられた。

第四条件．人は苦しんで生まれ死ぬ時は悲しみを背負って世を去る

光明夫婦が飼っていた猫の八雲が亡くなった時、「生まれる時は苦しんで生まれ、死ぬ時は悲しみを背負ってこの世を去る。この世を去った時にその先に答えがある」と、大師の言葉が光明の頭に流れてきた。

大師は、この意味を「生まれた時は喜んで生まれるが、実際、御魂としてこの世に出てくる時、肉体を持つことは相当苦しいものだ。この世で修行した後、悲しみと共にこの世を去り、さまざまな人が自分との別れを悲しむ。その時、御魂の答えはそこにある」と伝えてきた。

人生というのは永遠に続くことを語っているのである。この世で生まれて生活して、苦しいことがあるのは普通である。自分だけが楽しければそれでよいと、人の迷惑を省みずに好き放題やっていてはいけないのである。なぜなら、その人の死後、必ず厳しい等価交換が待っているからである。

第五条件．光の民の導きに沿った生き方を選択することが大切

兵庫県にある赤穂《あこう》大石《おおいし》神社は、大石内蔵助《おおいしくらのすけ》と赤穂四十七義士を祀る、忠臣蔵ゆかりの神社である。光明は、光の民から、その神社に必ず行きなさいというメッセージを受けた。その理由は、浅野家の人達は、光の民からメッセージを受けており、神に忠実な人たちだという。人には、浅野家の人たちのような忠義の魂が重要なのだという。

ある有名な女優は、体調を崩した時に神と出会い、それをどこかでお返ししようと思っているという。これは忠義の魂なのだという。

光明は、大師から「その女優には、大師の言葉で伝えてはいけない。自分は、光の民から導かれ、今、何も力がない自分に様々な奇跡を見せられ、人を集めて人々を導きなさいと言われていると、自分自信の言葉で伝えなさい」と言われた。

大師の答えは、こうであったということを告げる時も、言葉を考えて自分の言葉で話しなさい。そうすると彼女に伝わるだろうという。

光の民によると、確実にマスコミの阻害が働いているという。大手の二つのテレビ局は間違いなく我々のプロジェクトを阻害しているという。

第六条件．この世は全て〝等価交換と鏡面反転の奥義〟で成り立つ

大師から等価交換の本当の意味が伝えられた。

この三次元の世は全て、鏡面反転の奥義によって形成され、等価交換が成り立つという。等価交換には、大きく分けると良い等価交換と悪い等価交換の二つがあるが、大師から、次のように等価交換の意味が伝えられた。

一二三を〝ひふみ〟と言うが、この一二三《ひふみ》は、その鏡面反転で三二一が大師の数字であり龍の力を意味する。この一二三《ひふみ》の意味は、一二三《ひふみ》と積み重ねていく時、色んな苦労をしてさまざまな人と付き

合って関係を保つことが一二三《ひふみ》だという。

一二三《ひふみ》の鏡面反転である三二一の意味は、鏡面反転した時に自分の運の悪い月に入る時があり、何をやっても駄目な事が続く時、一二三《ひふみ》で築き上げた人たちが自分を守ってくれるという。

大師は、「一二三《ひふみ》の鏡面反転である三二一という我の数字は、それは慈悲の心だ。慈悲の心で自分が守られた時、人がピラミッドの上に位置するピラミッドが完成し、その人がそのピラミッドの頂上にいることが、完成された等価交換の世界なのだ」と言う。

また、三二一と下っている時は、その人の調子の悪い時であり、その時は、大師の慈悲の心でそれを救われなければならないという。

大師は、「良いことがあって悪いことがあるのは、今の世の流れの悪い所だ。真の等価交換は、一《ひ》二三《ふみ》で積み重ね、いい時に積み重ねたものが三二一と下る調子の悪い時に周りの人が手を貸してくれる。それによって自分の調子の悪い時を乗り切ることができる」と言う。

そうすると、常に、三二一と下がるのではなく、ピラミッドの頂点にいることができる。それこそが安定な時であり、それが真の等価交換の意味だという。

第七条件．一二三《ひふみ》の〝一〟という数字の中に〝十一の神の時間〟がある

昨日、大師から次のことが伝えられた。

大師は「物事が起こるのは遅く感じるであろう。物事が中々うまくいかないと感じる時があるが、

物事というのは一二三《ひふみ》の〝一〟という数字の中に、一から始まり十一までの〝神の十一の時間〟がある。〝一〟という数字の時間から次の〝二〟の数字が意味する時が始まるまでが長く感じるという。一から二は長く感じるが、二から三は短い。一が終了して二に進むと、物事は、二、三と一気に進んでしまう」と語った。

この〝一〟という数字の中に隠されている十一の神の時間は、人はこの時間を凄く長く感じる。やり始めてから、次の二を開始するまで、仏は、次に大きな波が来るのが分かっているから、予め身構えて準備するという。

人は、次の大きな波が来るのが分からないから、十一を歩んでいるうちに時間が経って何も起こらないと思い多くの人は途中であきらめてやめてしまう。

四神《ししん》の真の資格者は、天にいる時に

「私がそれをやる」と、自分で手を挙げてこの世界に降りてきたため、くじけないでやり抜く御魂を持っているという。

普通の御魂を持つ多くの人は、長く感じる最初の十一の神の時間を「何も起こらないじゃないか」と途中であきらめてしまうので、これを乗り切ることができない。そのため、十一の神の時間を積み重ねないうちに物事が終わってしまうので成果が得られない。しかしそれでは駄目なのだという。

弥勒菩薩と大師の三の数字を越えた時点では、何となく世の中の厳しさが分かってくるので、十一までの道のりを耐える人が多くなる。そのため〝石の上にも三年〟ということわざにはそういう意味があるという。

とにかく、物事が三になるまで耐えることが大切だという。

この施設に来て、自分はこの方向で進むと決めて、一年目は様子を見て、二年目で状況が分かり要領を得る。しかし、自分がこの仕事に合うのかと迷うという。三年目からは要領は分かったから、自分なりにやってみようと思う。だから〝石の上にも三年〟といい、三で区切られる数字の意味はそこにあるという。

大師は「物事の一二三《ひふみ》の〝一〟の数字中の十一の神の時間の迎え方が大切であり、その人が、他人を犠牲にして迎えた十一の数字というのは、十一の神の時間としてカウントされることは決してない。汚いやり方、とんでもないことをして積み重ねてきた人間に神が後押しをすることはない」と言う。

第八条件．仏の御魂が入った人は時間を操ることができる

人として生まれ、この三次元世界を引っ張っていくのは、救世主がやることである。人は時間を止められない。時間を操ることができるのは、前に述べたように仏にしかできない。そのため、この世の中の時間を止めるには、仏の御魂がこの世界に降りて来て人に入るしか方法がないのである。

もし、自分に宝くじが当たって大金が入っても、その金を全部、何も知らない人のために使いたいと思う人は皆無であろう。

大師は「自分の資産の全てを世のため、人のために使う人は、もはや人ではなく、仏の御魂が入った人である。それこそが仏なのだ」と言う。

大師は「白虎が考えていることは、世のため人のためである。自らが進んでこの世に降りてきたか

らこそ決心に揺るぎがない」と言う。

我々の組織は、宗教団体ではない。北の聖地の数ヵ所の施設は、多くの人々を招き入れるビジターセンターの機能を持つ。

もし、我々の組織やプロジェクトにおごりがあると、これ以上、前に進むことができなくなる。それは、光の民が力を貸さないからである。

第九条件．賽《さい》の河原の空間の色

光明の自宅の裏の家の主人が亡くなり、その家は空き家になり、最近、その家の壁の色はモスグリーンに塗られた。その緑の意味とは、我々の式神が宿る車の色はモスグリーンであり、その緑色は賽《さい》の河原を意味するという。

賽《さい》の河原は、ＭＲ世界の最初の出入口のことをいうが、その中には妖精が住んでいるという。

その空間はシールドのようなもので囲まれて安定している。決して爽《さわ》やかな空間ではないが、そこに御魂が生存するのに最低限の環境が保たれているという。

第十条件．人は十一回の人生を終えて転生するには十二回の修行が必要

光明は、大師から「龍神里親フォーラムに参加する人は、北の聖地の施設に十二回来なければならない」と伝えられた。人は、人として十一回生まれ変わるという。十二干支の十二は、十一回の人生を終えた十二回目に転生することを表すという。転生とは、次の上の次元の世界に行くことである。

三次元世界の修行を経て、ようやく肉体を離れた世界に行けるのである。

我々は、十二干支の十二種類の仏のブロマイドを作って揃えておく。

大師は、「この施設に来るのは、一回目が修行、二回目が修行、三回目が修行と続き、十二回の修行が必要である」という。その度に、好きな順番でブロマイドを一枚ずつ集めて、最終的に十二枚の仏のブロマイドが全部揃った時、次の上の世界の扉が見えるという。

北の聖地の施設に十二回来て、話を聞き、話をすることが修行となり、その修行を終えると、本来、人が生まれる回数である十一回が関係なくなる。例えば、三回しか生まれ変わっていない人であっても十一回生まれ変わったことになるという。

要は、北の聖地の施設に来て、話を聞き、話をすることで、御魂のレベルがより上の魂のレベルに近くなり、施設に十二回通うことで次の上の世界に行けるという。

第十一条件．時空のずれを修正し正常に戻すと地球に優しい環境になる

光の民は、我々の組織〝銀河防衛チーム〟は、時空からはずれたことをしなければならないという。それは、時空からはずれたことをして、ずれた時空をつないで修正し正常な時空に戻す作業を行うことを意味するという。

興味深いメッセージが何度もきているので、紹介すると、我々の組織の活動はこの三次元のプログラムの〝バグ〟に相当するという。それは、この三次元の正規のプログラムから外れて活動していることを意味するという。

今の人たちが誤ったテクノロジーに頼るという失敗を繰り返さないために、誤ったテクノロジーを捨てて仏の道に進むようにメッセージを送らなければならない。光の民は、そうすることで、自然に限りなく地球に優しい環境を取り戻すことになるという。

第十二条件．将来、日本が世界を変えるエネルギーの重要な発明をする

近い将来、日本が世界を変えるようなエネルギー関係の重要な発明をして、日本はその発明を世界にほぼ無償で教えて広めていくというメッセージを度々受けている。

そのエネルギー関係の重要な発明はそんなに遠い未来のことではないらしい。日本が中心となって、その技術を英国、米国と協力して、開発途上国などで使えるようにするという。英国と米国にはその

技術をほぼ無償で教える。ただし中国には教えないという。

それによって世界の目が日本に向いて、日本人は凄いと注目されて日本がリーダーシップを取って世界が急に同じ方向に進んでいくという。

第十三条件．世界の創造は菩薩の役目、〝創造、破壊、再生〟の順で進む

大日如来の化身が不動明王であるが、如来の下に菩薩、菩薩の下には明王がいる。よく考えると何かおかしいのである。

大日如来と不動明王との関係の謎が次のように解けてきた。

光の民は、この三次元世界において、三つの事を成し遂げなければならない。それは、この三次元世界の〝創造、破壊、再生〟である。

この順でこの世の再生が行われるという。

創造が行われる時には、見極めや振り分けなど様々な要素がその中に含まれる大変な作業である。

創造は菩薩の役割であり、破壊が鬼の力を持つ明王の役割であり、最後の再生が如来の役割である。

明王による破壊の後に最後の再生を行う如来は、破壊を行う明王を近くに置いているのである。

ドラゴンプロジェクト発足当初は、この三次元の世は、〝破壊、再生、創造〟の順で新しい世に作り替えられるという通信があった。

しかしプロジェクトが進行したことによって、今、〝破壊、再生、創造〟の順から〝創造、破壊、

再生〟の順に変わったのである。

このように、新しい世に作り替えられる順が変わった理由が明確になった。最初のうちは、破壊から始まる、〝破壊、再生、創造〟の順であったのだが、プロジェクトが順調に進行していく過程の中で、この世のタイムラインが良い方向に変わり始めたからである。

そして、世の作り替えの準備が、中間地点から仕上げの段階に入る過程で光の民の方針が修正され、〝創造、破壊、再生〟の順に変わったのである。

もし、我々のプロジェクトが存在しなければ、当初の〝破壊、再生、創造〟の順になっていた。

当初の〝破壊、再生、創造〟の順の、最初の破壊というのは、まずこの世を完全に破壊してから、新しく始めるという意味である。考えると恐ろしいことである。

しかし、慈悲の心を持つ仏の命を受けて、我々はプロジェクトを進めてきたことで、施設も整って様々な活動も軌道に乗りつつある。

これが、光の民である、七次元の再生を行う如来から評価され、まず、人々が菩薩の協力を得て、未来の正しいあるべき姿をイメージして、まず、この世を創造することになったのである。

第十四条件．最初に破壊は起こらない、この世は〝創造、破壊、再生〟の順に進む

光明は、光の民から、創造があって、破壊、再生の順と聞いた時、「どうして創造、破壊、再生の順なのですか」と光の民に聞いた。

光の民は「壊すのに、何でも壊すわけにはいかないだろ。全てがなくなってしまう。良いものは残さなければならない。今まで積み重ねてきたものを無駄にする必要はない。活かすものは活かして、悪いところは破壊するが、その前に創造する。まず、最初に何を壊すのか創造しなければならない。未来において、何を残して何を壊すのかを決めたら、そのものだけを選んで壊すのだ」という。

つまり、創造をイメージした後、不要なものや悪いものを取り除いた後に再生しないと、良い未来につながらないということである。

この次元が、順調に創造、破壊の順に進むと、最後に再生がある。

創造、破壊により、ある程度整った状態で、足りないものをそこに補って完璧にするのが再生である。

大師は、これは人類のことだという。

もし、破壊が先に来てしまうと、良い人も悪い人もみんな消滅してしまうことになる。確かに、過去には、そのような星がいくつもあったという。

光の民は「この世には、御魂がグレーゾーンの人たちは圧倒的に多い」という。すんなり次の新しい世界に導かれる人の御魂は僅《わず》か数パーセントだという。

創造を先にして、仏の慈悲の心によって良い人の御魂だけではなく、グレーゾーンの人たちの御魂も含めて、まずは一旦次の世界にすくい上げる。

これまでの通信内容から判断すると、グレーゾーンの御魂の人たちは八割前後であると思われる。

光の民にはごまかしはきかない、その人の御魂を一瞬で見抜く非常に厳しい篩《ふるい》が待っている。

グレーゾーンの多くの人たちの御魂は、取りあえず次に用意されている〝スフレイという赤い砂漠の世界〟に移行させられる。

このスフレイという赤い砂漠の世界は、決して過ごしやすい環境ではないが、このような形でグレーゾーンの御魂の人たちにもきちんとチャンスが与えられるのである。

御魂が邪に支配されている人の御魂は、一割ほどであると思われるが、これらの御魂は宇宙に存在してはいけないものであり、内側に針が多数付いた四角いキューブに入り、永遠に暗黒の宇宙をさ迷うことになるという。

第十五条件．北辰北斗七星方堂《かくどう》は交流の場にする

我々の施設である北辰北斗七星方堂《かくどう》を訪れた人には、ここに光の民が降り立つこと、多くの不思議な画像を見てもらって話をして、奇跡が起こることを体験してもらう。多くの人が集まって話をして、それぞれの人の魂のレベルが向上していくことが期待される。

この施設に滞在して、皆と話をする交流の場にする。施設には、ビジターとして宿泊できる部屋も布団も準備し台所も風呂も全て完備している。近くのホテルに宿泊してもよい。

〝龍神里親フォーラム〟（北の聖地ツアーから名称を変更）に参加した人は、いつでも好きな時に、気軽にこの施設に来ていただけるようにする。

光の民から、できるだけ多くの人を、この北の聖地の施設に連れてくるように言われている。好きなときに聖なるダムに行けるし、集まった人たちが交流をしながら相談したり情報交換したり、自然

とコミュニティができ上がっていくであろう。

この施設では、広い屋上から、三百六十度パノラマで夜空の動く星や光の民の飛行船（ＵＦＯ）などが観測できるし、この聖地で撮影すると、多くの人は龍神や妖精などが撮影できる。実際に多くの人がこれらを体験している。

人が集まってきた時に、光の民が近くまで降り立ってくる時もある。この施設を訪れた人は、光の民がいることを感じなければならない。要は、一回目のツアーに来た人に光の民がいることを確信してもらう。

夜空が晴れていれば、星が急速に移動したり、白龍が飛び回ったり、ほぼ確実に不思議な映像が撮影できる。最近は、連日、この光の民が現れてくれる現象が続いている。

それは、最近、大師から通信があった〝磁《じ》の力[注一)]〟であるという。

第十六条件．福禄寿《ふくろくじゅ》、寿老人《じゅろうじん》、弁財天の三柱が戻ると〝虎《こ》狐《こ》十《と》斗《と》乃《の》歩《ふ》〟こととなり次元上昇の力となる

弘法大師を含め、天部の意向に逆らった仏に対して等価交換が働き、薬師如来の指示によりそれらの仏は剣を捨てこの世を守る七福神となった。

注一）磁《じ》の力（二の力）は、北斗七星の柄杓《ひしゃく》の力、毘沙門天の力であり、平将門公の縁結びの力である。正しい行動を行うため仲間を集め、助け合い仲間同士をつなぐ力となる。

天部の意向に逆らって、この世を救おうとした帝釈天《たいしゃくてん》の御魂は北極星に飛ばされ、弁財天の御魂は南十字星となりお互いが離れ離れになった。

その後、五七〇〇〇年周期によって二人は会うこととなる。この五七〇〇〇年は南十字星が地球を一周する周期であり、その時が地球に一番近いところに来るという。しかし、南十字星は一周するとその役目を終えて、その近くにいた星と交代して周期も変わるという。

今、南十字星の周期は五七〇〇〇年であるが、この周期が光の民の一二〇〇〇年周期の創造の旅に出て地球に帰って来る周期と一致するのである。この二つの周期が一致する年は、もう我々の目の前に迫ってきているのである。

帝釈天《たいしゃくてん》と弁財天に味方をして一緒に戦った仏のうち、弁財天、寿老人《じゅろうじん》と福禄《ふくろく》

寿老人《じゅろうじん》

福禄寿《ふくろくじゅ》

寿《じゅ》の三体の仏は、地球の次元上昇というターニングポイントが来るまで等価交換として、御魂が南十字星に飛ばされた。北極星と対面する南極星を保護するのが南十字星なのである。

寿老人《じゅろうじん》の力は、命を長めて調整する永遠の力を持つ普賢菩薩の力であり、福禄寿《ふくろくじゅ》の力は、自然の緑を広げ豊かな星にする力でもある。

弁財天は、人の運命を変え人の御魂を向上させる力を持つ。

今、次元上昇というこのターニングポイントにおいて、弁財天、寿老人《じゅろうじん》、福禄寿《ふくろくじゅ》が戻って来た時、三柱の力が完成して虎狐十斗乃歩《ここととのふ》こととなり次元上昇の力になるという。

弁財天の仏像写真

第十七条件．〝虎狐十斗乃歩《ここととのふ》〟時、将棋の〝歩《ふ》〟は鏡面反転して〝と金〟となる

光明が光の民から通信を受け、我々のドラゴンプロジェクトは、より多く人々が次の未来の世界に踏み出せるように光の民の指示に沿って忠実に活動している。

大師は「其方たちには、光の民の指示を具体的に与えている。イメージを与えている人は他にもいるが、具体的に光の民の指示を与えているのは、世界で唯一、其方たちだけである」と言う。

大師は「将棋の中に、巧妙に次元上昇の暗号を馬鹿羅《ばから》で隠した」と言う。ここで、皆さんに将棋の駒を考えてほしい。

我々のプロジェクトが進み、この世が虎狐十斗乃歩《ここととのふ》とき、虎狐十斗乃歩《ここととのふ》の〝歩《ふ》〟は将棋の駒の〝歩《ふ》〟を意味する。この〝歩《ふ》〟の裏側は、赤文字で〝と〟なっている。裏側の赤文字の〝と〟は将棋の〝金〟と同じ働きをするので〝と金〟といわれる。

虎狐十斗乃歩《ここととのふ》の〝十《と》〟は、〝歩《ふ》〟の裏側の〝と〟を意味し、虎狐十斗乃歩《ここととのふ》の〝斗《と》〟は、北辰信仰の北斗七星の〝斗〟を意味するという。

そして、北斗七星の〝斗〟は〝柄杓《ひしゃく》〟も表すという。〝柄杓《ひしゃく》〟の〝杓《しゃく》〟は重要なキーワードであるが、内容が複雑になるので、詳細は別の項で説明するとする。

虎狐十斗乃歩《ここととのふ》の意味は、しかるべき時が訪れた時、人々の〝歩《あゆみ》〟が鏡面反転して〝金〟の御魂になることを意味する。それが〝と金〟の力だという。

将棋の駒の〝歩《ふ》〟の裏側の〝と〟の文字を見ると異様に長い赤文字になっているが、これは〝と金〟の〝と〟の文字が〝柄杓〟を表しているからであるという。

〝柄杓《ひしゃく》〟は、北辰信仰の北斗七星を意味する。〝と金〟の赤の力は阿弥陀如来の力であるという。

将棋の駒の形をよく見て頂きたい。駒の形は五角形をしている。この形は〝ノアの方舟〟と同義の〝方舟〟を示すという。しかるべき時が来たら人々は〝方舟〟に乗ることを意味している。〝方舟〟とは、次元上昇を示すキーワードである。

近い将来、新しい世界である上の次元に行く明確な方法や手順を示すことになるが、これらの全体を示す象徴的な意味が〝方舟〟という言葉に込められているのである。将棋の駒に隠した馬鹿羅《ばから》は、要は次元上昇の意味を示しているのである。

我々は、常に光の民に寄り添って、一歩一歩進んで行き、光の民に近くなった時、将棋の〝王将〟は天の神である天神様であり、〝飛車〟と〝角〟に守られていることを実感する。その〝飛車〟は飛龍を表す雷神である鍾馗《しょうき》様《さま》、〝角〟は風神である金剛夜叉《こんごうやしゃ》を表し、〝飛車〟は雷神を示し、〝角〟は風神を示し、この雷神と風神は天神様の式神であり、次の世界に通じる〝天神様の細道〟の門番でもある。

将棋は、平安時代に日本人が考案し、将棋の盤の目は平安京の城の下町の道を表す。人間の進むべき道は、全て大師が考案した馬鹿羅《ばから》によって隠され、大師は次元上昇の意味を将棋に隠したのである。

光明は光の民に導かれ、各地を回って様々な神社や聖地を訪れたが、将棋の誕生の場所である山形県天童市にも立ち寄っている。

と金

第十八条件．鍾馗《しょうき》様の最後の言葉〝武士道の真の意味〟

次の内容は光明が受けたビジョンである。

今回、ある人間が我々の組織から離れたことを皆で話していた時、光明が泣いている。しかし周りの人はみんな指をさして「ざまあみろ、そういう結果になったな」と笑っているビジョンを見せられた。

何故こういうビジョンを見せられたかというと、今の世の中の日本人は、様々な別れに対して涙で送ってあげる心が欠けているからだという。

悲しみ、憎しみ、悔しさで涙を流すのではなく、人を見送る時にこそ涙するのが、日本人の御魂の本質であるという。

それは旅立ちの時、亡くなる時もそうであり、亡くなるから、会えなくなるから泣くのではなく、旅立って次の道に進むから涙する、卒業して次の道に進むから涙するのだという。そういった時、一人一人が旅立ちの時に涙する心こそが、日本人が取り戻さなければならない心だという。

最近では、小説を読み、映画を見た時、作られたものであっても、涙する人が少なくなっている。

今回、我々の組織を離れることになった者は組織に迷惑をかけてきた。しかし、それを嘲笑するのではなく、良いところを見つけてあげて、今までやってくれたことに対して感謝し、去り行く悲しさを持って送り出し、寂しさを感じ取らなければならない。

その心は、鍾馗《しょうき》様《さま》が最後に教える気持ちであるという。鍾馗《しょうき》様《さま》は「我の最後の言葉を聞け、その言葉こそが〝武士道〟だ」と言う。

武士道の意味は、武士道の〝武〟は、〝ふ〟に二つの点を付けて〝ぶ〟である。その一つの点は、〝菩薩の慈悲の心〟であり、もう一つの点は、如来の悪いことは悪い、良いことは良いと言い切る〝見極めの心〟なのだという。

その二つの点が〝ふ〟に付いて〝ぶ〟になるという。そしてそれが、天が指導する武士道であり、これが本当の〝武士道の精神〟だという。

戦後、アメリカは日本を占領し、洗脳教育によって日本人の魂を奪い、脈々と日本人の精神の中に受け継がれてきた〝武士道の精神〟がなくなってしまっている。今まで色々な形で見せられた武士道は、靖国神社に眠る御魂もそうであり、人のために命をかけることも武士道なのだという。

武士道は、武士だけのものではなく、全ての日本人に通じる言葉であるという。未来に向けて歩む我々日本人には、武士道がなければならないという。

鍾馗《しょうき》様《さま》は「今、一度、武士道というものを思い返しなさい。武士道をなくした者は、決して日の目を見ることはない」と言う。

武士の〝ぶ〟は〝竹〟を現し、竹は荒れた土地でも天に向かって高く伸びる、未来に向けて真っ直ぐに天を目指す。竹は曲がってはいけない、真っ直ぐに太陽に向かって伸びなければならない。

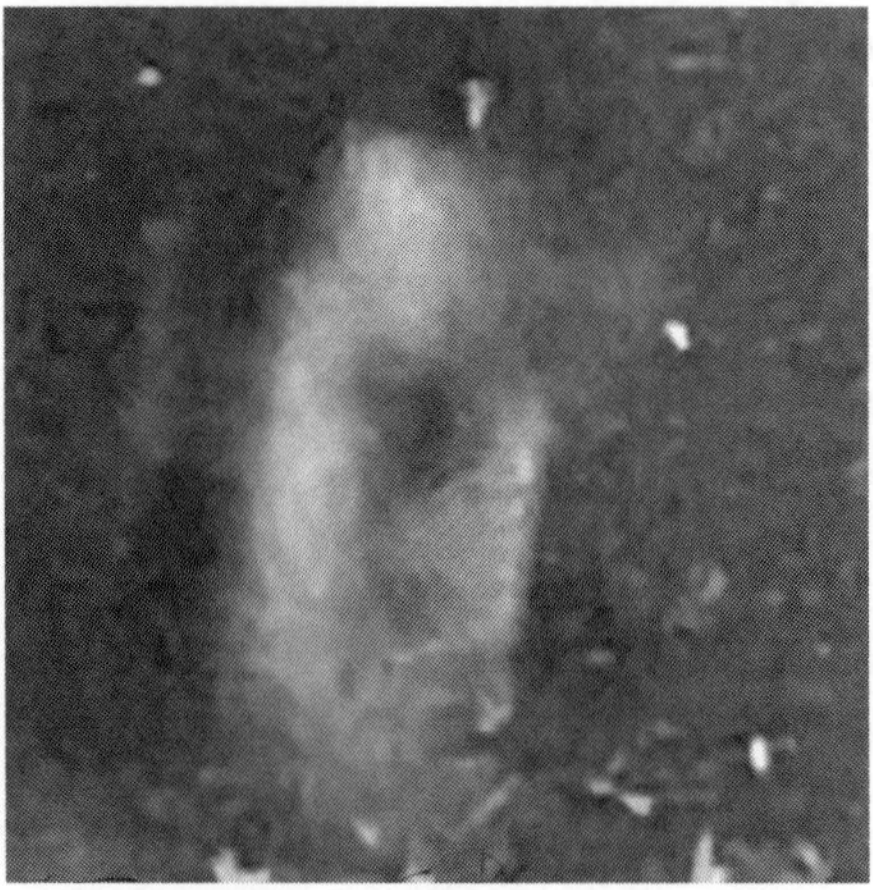

カーナビの画面に現れた鍾馗《しょうき》様《さま》

真っ直ぐ伸びるためには、〝武士道の精神〟が必要なのである。鍾馗《しょうき》様《さま》は、「如来の見極めの心と菩薩の慈悲の心の二つが加わって初めて日本人といえる。日本人の魂こそ武士道なのだ」と言う。

第十九条件．ＳＮＳの視聴者からのレター

ある日、視聴者から私のメールに、次の様なメッセージが送られてきた。

このメッセージの内容は、日本人が、日本という祖国に対して大切な事をあらためて考えさせるきっかけになると判断し、ここで紹介させて頂くことにした。

白《はく》龍《りょう》武《たけ》俊《とし》様

昨日は靖国神社もとりあげて頂きまして有難うございます。

以前、靖国神社に伺った時、他の神社とはまた違った空気でした。

靖国は〝人の想い〟を強く感じました。数年前、背筋がピンとされた、かなりの高齢のかたが靖国の施設に、まるで戦友に会いに来られたかの様に想い深げで、そして誰も寄せ付けない空気を放っていました。

そして施設内に展示されていた戦地に赴いた達筆な若い方の家族への手紙を読ませて頂き、

涙が止まりませんでした。

我々の盾となり戦って下さった方々のおかげで今があり、言い尽くせぬ感謝と想いでいっぱいです。

まだ靖国神社にお参りしたことがない方に知って頂きたいのは、戦争でお亡くなりになった多くの方々の他にも、数知れぬ動物達（馬、犬など）が犠牲になりました。その動物達の銅像も敷地内にありますので、是非知って頂きたいと思いました。

私はその動物達の銅像に向かって、生きている動物に接する様に心の中で、人間のために戦争で犠牲になり申し訳ない気持ちとお礼を述べました。

靖国に伺った大きな理由でもあります。

○○様

問い合わせいただきありがとうございます。

靖国神社に眠る方々の御魂は、日本人にとって大切な御魂です。

このことに関しては、我々は光の民からメッセージを頂いています。

日本人は最後に神の遺伝子をいただいて作られたそうです。

鍾馗《しょうき》様から、武士道は日本人に与えられた精神であり、重要であると通信をいただいています。

戦争で犠牲になった動物たちについては私も考えるところがあります。私の母の実家が農家で当時、家にいた馬が軍馬として持っていかれました。その時、その馬は涙を流していたそうです。その話は子供の頃に何度か聞かされ、戦争の悲惨さを思い悲しい思いになりました。

この地球の食物連鎖の頂点に立つ人間が、動物たちを大切にしないのであれば、人としての資格はないと光の民は伝えています。

人が動物の面倒を見て、動物を慈しむ心を育むこと、そして人は動物によって癒やされます。それによって、人に仏の慈悲の心が生まれます。

動物には本能はありますが、人間のような野望や我欲はありません。

大師は「動物は、けなげでいいなぁ」と語りました。

このことは、なぜ人は、こうも野望や我欲に溺れるのかという、大師の悲しい思いを感じました。

白龍武俊

第二十条件．『銀河星団』を守るのが明神、ＭＲ世界を守る『金海《こんみ》星団』の光の民

明神は銀河を守る神である。銀河の意味は三次元、この物質世界のことをいい、この銀河星団を守

るのが明神だという。銀河星団より上のMR世界に近い存在がいる星団を『金海《こんみ》星団』という。

神田明神である平将門公は、銀河を守り、この三次元世界を守る神であり、天神様の命によって〝第六天魔王〟を名のった。第六天魔王の意味は、鬼の〝六〟の数字の天魔王であり、明神に限って、元々は人であったので〝王〟が付くという。

大師は、大龍王の称号を持ち、最後に〝王〟の文字が入っている。人ではない存在から神になった名前には〝王〟がつかないという。

第六天魔王は天神様の意志を受けた人、つまり明神である。天神様は、神の上の神、天の神だから天神という。

平将門公は、銀河にあるこの三次元世界を守る明神であるので、我々の三次元世界に深く関与できたという。

第二十一条件．銀河と『金海《こんみ》』の意味

銀河系という星の河があって、それは宇宙的には賽《さい》の河原を示すという。この三次元世界は〝石積みの場所〟であり、〝御魂の修行の場〟であるという。

銀河というのは三次元であるが、一方、『金海《こんみ》』の意味は、金の御魂が完成されているMR世界の存在がいるのが、五次元の『金海《こんみ》』の〝海〟である。

銀河の銀という漢字になるには、金と書いて横に良を加えると〝銀〟に変わる。それはあくまでも

良の上に〝点（・）〟、つまり〝天〟があるという状況のバランスなのだという。もし、金の御魂が天を導かなければ、〝点（天）〟が取れて金の御魂が邪に変わるという。

良の〝点（・）〟をとると、方向からすると鬼門の方を指し、この意味は、丑寅《うしとら》の方角、つまり鬼の方角を示している。そして邪悪な目によって進化するという。大師は、「将棋の中に究極の馬鹿羅《ばから》を隠した」と光明に伝えた。

将棋の駒の銀は左右と後ろに動けない。金は斜め後ろに動けない。この将棋の駒の動きから、その銀の駒の意味は、銀は過去に戻る力がなく並行宇宙がない。つまり銀は三次元を示す。

これに対して、金の駒は五次元を示す。金は斜め後ろを振り向くことは許されない。しかし、真っ直ぐに後ろに戻ることはできる。金は、斜め後ろに戻ることはできないということは、一回次元が進んだ時に戻って間違いを正したり、斜め後ろの考えを変えたりすることは一切できない。ただし後ろに戻ることはできる。つまり、過去に戻って次元のずれを修正するメッセージを残すことができる。

この時に三次元空間の中に金の力が働く、つまり、金の力による次元のずれを修正するメッセージを読み取って修正すると、フリーズを起こして止まっていた空間も一緒に動きだすのである。つまり、過去の過ちが正され重なった空間が一気に動き出すことが『金海《こんみ》』の正体であり、それが五次元の証《あかし》だという。銀はそれができない。

銀と金という将棋の駒があるのは、大師の一つのメッセージなのだという。

光の民は、将棋の駒、かぐや姫の竹、輪《りん》、錫杖など、さまざまなものを組み合わせていくと、宇宙の法則が分かるという。どのようにすると人々が上の次元に迎え入れられるか、沢山の人が助けられるかということを読み解くことができるという。

龍神は全ての次元に行けるから、金というのはまだ完璧ではない。もし、正しい時代を迎えることができた時、後ろを振り返る必要がなく五次元の扉を開けて前に進むことになる。

将棋は日本人が考えたが、将棋の中には馬鹿羅《ばから》で次元上昇の秘密が隠されている。将棋の盤の目は平安京の盤状の道を現し、その盤の上の〝歩〞は人を表すという。

金はきん、銀はぎんで、金の〝き〞に二つの〝点（・）〞がついて銀、〝ぎん〞になる。つまり銀という三次元は、二人の〝天〞が付いて、金という五次元に導かれた時に〝天〞が取れるのだと言う。この二人の〝点（・）〞とは、二人の仏であり、菩薩と如来である。

つまり、これは人は菩薩と如来に導かれて三次元から五次元に導かれることを意味するという。

第二十二条件．龍王、明王の〝王〞の意味は〝和《わ》〞であり〝輪《りん》〞

導きにより人は〝王〞になる必要があるという。〝王〞とは、龍王、明王であり、人から仏となった存在に〝王〞という文字がつくという。

完璧な力をもらった人が〝王〞になる。言い換えると〝王〞の意味は、人がある位置に達して完璧な力を持ったことをいう。

大師に「〝王〞は何ですか？」と聞くと、大師は「それは〝りん〞だ」と言う。〝王〞とは丸《まる》い〝O《オー》〞であり、〝りん〞＝〝輪〞であり、〝王〞の本当の意味は、〝和《わ》〞であり〝輪《りん》〞であるという。

静けさの中にこそ、求められた完璧な数字が全部そろう。そして北の聖地にある我々の二つの施設の間の庭に完璧な〝輪《りん》〟の空間（天上夢幻の花壇）ができ上がる。それは一つの導きの場を意味する。角《かど》が取れると丸い〝輪《りん》〟になる。人は丸くなる必要があるとよくいわれるが、その意味は、〝輪《りん》〟が完成された人類の本来の御魂のあり方を意味するからである。

日本人は、諺《ことわざ》などの言葉の中に戒めや導きの意味を込めて、昔からその意味を知っていたのである。

これは、実は、我々がその未来に向けてのヒントを得て未来に進んでいけるように、大師は過去に遡って、数々の言葉の中にヒントを込めて、諺《ことわざ》などとして残しておいたのである。

第二十三条件.『金海《こんみ》』の外れにある三次元と五次元が混在する世界

小規模の次元上昇があった時に、『金海《こんみ》』の外れの場所に来ると、どうやら、そこは三次元と五次元が混在する世界であり、そこには、銀河の淵の『金海《こんみ》』の中の賽《さい》の河原とは違って、一三《いさ》の世界とその境界があるという。

この世界は、正しい御魂を持った人たちが集まる一段階進歩した世界であり、エネルギーなどのテクノロジーが正しい進化を遂げた世界である。菩薩の一歩手前にいる人たちがいる世界でもある。

三次元の世界の身体も持ちながら、五次元の世界にもいるこの『金海《こんみ》』の外れの場所は、天の川の逆側にある世界であるという。

第二十四条件．赤い砂漠の〝スフレイ〟に移された人たちにもチャンスがある

グレーゾーンの人たちが篩《ふるい》にかけられ赤い砂漠の〝スフレイ〟に移される。砂漠をさまよっているうちに、気がついた人だけ、天の川の逆側にある河の淵に来るという。「この不毛の地に来た理由を認識して、あ、これじゃ駄目だ。自分はちゃんとしないといけない」と気がついて門に辿り着いた時、門には鍾馗《しょうき》様《さま》ではなく阿弥陀如来がいる。そして、阿弥陀如来の導きにより、上の世界に通じるための河の向こう岸に渡る船にたどり着くのである。

〝スフレイ〟に移されたグレーゾーンの御魂の人たちでもチャンスが与えられる。その代わり、修行の積み重ねなど過酷な道を正しく進むことが求められる。どこにいてもチャンスはあるが、いずれにせよ厳しい道のりなのである。

最初からすんなり五次元に上がれる人は非常に少ないが、そのような人にはやはり特徴がある。自らの使命に気づいて人を導く、あるいは自分を犠牲にして人のために役立つことを一生懸命に行う人たちである。

そのような人たちは、自らが自分の使命に気づいて、一歩前に踏み出せる人であり、実際に人のために役立つことを行っている人たちである。

残念ながら、現状ではこのような人たちはほんの僅《わず》かしかいない。

光の民の篩《ふるい》は非常に厳しい。光の民は、その人の言動の全てを見て把握している。光の民の前では、ごまかしは一切通用しない。自分を犠牲にして、この世のために尽くせる魂を持った人でないと上の次元に上がることはできないのである。

第二十五条件．〝武士〟の馬鹿羅《ばから》

武士の〝武〟は〝たけ〟と読むが、〝たけし〟とも読む。

武士の〝武〟に四を加えて書く〝武四〟も〝たけし〟と読む。

この〝武四〟の〝四〟は四神《ししん》を表し、四神は〝武士の魂を持って事を成す〟につながるという。

第二十六条件．武士道を〝無限〟に付け加えることで〝独鈷杵《とっこしょ》〟となる

二〇二一年七月一日、宇宙創造神である『ブラフマー』が現れ、メッセージが伝わってきた。

ブラフマーは梵天《ぼんてん》である。

ブラフマーは、「〝輪《りん》〟が〝静〟であり、人々を導く足掛かりとなる人々を集め組織をまとめるのが〝輪《りん》〟であり、〝錫杖《しゃくじょう》〟は、人々を導き気付かせて正しい心を学ばせる。これが〝動《どう》〟である」と伝えられた。

人々をまとめることができる人を集め、メンバーをかためるのが〝輪《りん》〟であり、この〝静〟の力によって〝動〟の力が動き出し、人々を導き気付かせ、正しい心を学ばせるのである。この〝静〟と〝動〟の二つの力を合わせると無限になるという。

〝武〟は武士道を意味し、釈迦の教えでもあり、〝礼に始まり礼で終わる真っ直ぐな心〟を無限に付け加えることで独鈷杵《とっこしょ》になるという。大師はその独鈷杵《とっこしょ》によって先の未来を照らすことが分かったという。

独鈷杵《とっこしょ》は、無限の〝∞〟の形をしている。この無限〝∞〟を立てると〝8〟になり、そこに竹を立てると、これが独鈷杵《とっこしょ》の意味となり、これで無限の流れが未来に向けての一筋の光になる。

大師は、その独鈷杵《とっこしょ》の力を得ることによって、世の中が、空《むなしゅう》ことに気がつき、自分がやることが分かったという。

大師がその独鈷杵《とっこしょ》を照らして未来を見た時、その空《むなしゅう》の意味とは、物事を達成するために人は悩み、試行錯誤し努力することで物事が達成される。物事が達成された後、人は今まで味わったことがない達成感を得ることができる。

大師が、「この式神が宿るスポーツカーを早く仕上げなさい」と伝えてきた意味は、そのことを気付かせるためであったという。

問題なのは、式神が宿るスポーツカーを早く仕上げるために試行錯誤して、様々な努力をしている時期が凄く充実した時であって、できあがってからしばらく経つと空気のようなものになってしまう。

ただ、これの違うところは、式神が宿る

独鈷杵《とっこしょ》

スポーツカーを早く仕上げることによって、見た人が導かれる。しかし、我々はそこで達成感を得たのち、淡々とした平常心になった時、空《むなしゅう》気持ちが生まれるという。

大師は、全ての事柄は、達成された後、全てが空《むなしゅう》に変わってしまうことに気が付いた。大事なのは、それまでの過程であって、結果ではない。本当の空《むなしゅう》をなくすためには、〝叶わぬものへの飽くなき挑戦、志《こころざし》を持ちくじけることなく、万全の計画を立てて進むこと〟、これこそが空《むなしゅう》の言葉に対しての大師の答えである。

それを達成させるため、武士道を教え、竹を真っ直ぐに伸ばし、未来の子供たちの気持ちを竹のように真っ直ぐに伸ばし、それを無限に加えることにより独鈷杵《とっこしょ》を作り出すのである。

第二十七条件.『空海』の意味

大師は、未来を照らし、未来に向けての壮大な計画を立て未来を見た。大師は、空《むなしゅう》からの解放こそが『空海』の意味であるという。

広い〝海〟に行くと〝空《むなしゅう》〟から解放される。『空海』という意味はそういう意味があるという。大師は、三次元の広い海にむなしさから解放され物事を成し遂げる空間を作った。

大師は、その空間に、〝空《むなしゅう》の定めから解き放たれた未来の子供たちが光輝く新しい世界を作り出す〟ことを願った。その空間こそが『空海』の意味であり、弘法大師が描く新しい未来である。

大師は、それらの意味を馬《ば》鹿《か》羅《ら》の中に封じ込めた。

大師が全てを作り出し、さまざまな施設が建った後、先を見据えた時にむなしさを感じたという。その時、一人の神が大師の前に降り立った。それが宇宙の創造神『ブラフマー注一）梵天《ぼんてん》）』であり、未来の礎《いしずえ》を教えてくれた。それが将棋の世界であったという。

大師は、将棋の盤を、平安京の盤の目を用いて街並みを作った。そして今、この場に降り立ったのは〝静〟と〝動〟が合わさった宇宙最高神、『梵釈天《ぼんしゃくあま》』なのである。

第二十八条件．『梵釈天《ぼんしゃくあま》』が資格者に授けた五鈷杵《ごこしょ》

独鈷杵《とっこしょ》は、無限のマーク〝8〟に一本の筋があって、大師が持っているのが独鈷杵《とっこしょ》である。

一方、資格者が持つものは、その一本の筋の周りに玉が五個ある五鈷杵《ごこしょ》である。『梵釈天《ぼんしゃくあま》』が資格者に授けるものは、五鈷杵《ごこしょ》だという。

大師が使っていたのは独鈷杵《とっこしょ》であり、その独鈷杵《とっこしょ》は一つであり、五鈷杵《ごこしょ》というのが

五鈷杵《ごこしょ》

注一）梵天《ぼんてん》と釈迦如来、帝釈天《たいしゃくてん》の三体が一つになった宇宙最高神が梵釈天《ぼんしゃくあま》である。

五つなのだという。

大師は、「梵釈天《ぼんしゃくあま》が、五鈷杵《ごこしょ》を我々資格者に授けた時に五神の力[注二]が働く。だから常に未来の計画を立てて進みなさい」と伝えてきた。

第二十九条件．最高神『ブラフマー（梵天《ぼんてん》）』はそれぞれの仏に最高神の力を分け与えた

大師は、あるとき、この世界の未来を計画したのは無謀であったと考えた。大師は、達成感を感じて終えた時にむなしさを感じたからである。しかし、その時、ブラフマーが現れ、さらなる未来の計画を立てなさいと告げられた。

それが、大師が我々資格者に向けた一二〇〇年に渡る計画であり、事を成し遂げるための未来のメッセージを馬鹿羅《ばから》に隠して残したという。それを受け継いだ我々資格者は、さらに未来を見据えなければならないという。

大師は我々に、現状で先が見えてきた時、先の未来を目指すこと。そのための方法を考えなさいという。そうすると、その先にいる未来の子供たちが、我々の活動を受け継ぎ、今とは違う仏が降りてきて、先の未来を目指すことが繰り返される。

今、多くの仏が、我々資格者の前に現れ出した。それは最高神のブラフマーがそれぞれの仏に最高神のブラフマーの力を分け与えたからだという。

注二）五神の力とは、青龍、白虎、玄武、朱雀の四神に黄龍を加えた五神の力をいう。

元々、仏はみんな一人の宇宙人（知的生命体）であり、その生命体の前に現れたブラフマーがその御魂と寄り添った時、その生命体が仏の名をもらうという。

例えば、現れたブラフマーが妙見菩薩に菩薩の力を与え、吉祥天という女神に天の力を与えたという。〝静の力〟全ては、ブラフマーという最高神の力である。そして釈迦如来もそうであり、釈迦という人物の前にブラフマーが現れて、天の力を与えることによって釈迦如来となったという。

第三十条件．白虎は〝静〟と〝動〟全ての力を手に入れなさい

大師は、「白虎は、その〝静〟と〝動〟の全ての力を手にいれなければならない。今は〝静〟を味方にする人はみんな白虎の味方になり力になる」と言う。もし、白虎に相当する横並びの人が現れてきたら、白虎は、「私の言うことを聞け」と彼らをねじ伏せて、自分に従わせる覚悟が必要だという。それが帝釈天《たいしゃくてん》、釈迦如来と梵天《ぼんてん》が合体した梵釈天《ぼんしゃくあま》の役目である。時には荒く、時には優しいのが現代の仏の姿であるという。

白虎は、「最高神の未来を照らすために計画を立て、それを実行するから、その計画に乗りなさい」と、相手を説得するのが〝動〟の動きであるという。

白虎が、自分に相当する力をもつ横並びの人たちをまとめた時、白虎の力として五鈷杵《ごこしょ》の力が付け加えられ、その時にこそ玄天経典《こくてんきょうてん》が終結するという。

その頃には我々の寿命が尽きて、次の若い世代が我々の活動を引き継いでいくことになる。

大師は、「白虎が自分の寿命が尽きた後、再び、この世に現れるかどうかは自分の意志次第だ。白虎は、今までこの世に何回も降りて来ている。だから責任を持ってこの世の先を見たいのであれば、また、この世に同じように降りてきなさい。その時には、人と違う力を忘れないように持たせる。これからの世の中は、人と違う力を一つ付け加えて降ろさないと、変えられない世の中になっていく。それが一三《いさ》の力を得た者の宿命なのだ。

光明方示と白虎は、さまざまな世界に現れるが、その世界でその世のために尽くすという意味もあるのだ。式神が宿るスポーツカーを完成させた後に、その意味がより一層分かるだろう。

これを完成させるまでは苦難の道のりであったが、何年もかかってこの式神が付いたスポーツカーが完成した。これが達成された時に、何がこの車によってなされるかというと、それは、見る人に心を残すことである。独鈷杵《とっこしょ》にはこの意味もある」と言う。

五鈷杵《ごこしょ》は五つの羽根が付いている。それは五神王の色で、一つが過去、一つが未来だという。過去は皐姫《さつきひめ》が動かした。

未来の五神王の色は資格者が動かす未来で、一つは竹で真っ直ぐに〝無限〟が先に伸びる、金色《こんじき》の〝無限の力〟が過去から未来に伸びる線になるという。そうなると、未来に蔵王権現という仏が現れる。

蔵王権現の仏像

この未来に現れる仏である蔵王権現の本当の名前は『金剛蔵王権現』という。

第三十一条件.「三次元の未来はいつまで続くか」に対する光の民の答え

今後、多くの人たちの協力の元、我々が大師と弥勒菩薩の未来の計画の全てを実行していくことが、この三次元の世の未来はいつまで延びるかということとつながってくる。しかし、それは、もう最初から答えがほぼ出ているという。

昭和四十年生まれの人が生まれた時から既に始まっており、そのカウントダウンは、二〇二二年七月十五日から始まるという。つまり、光の民の計画が上手く進むと、二〇二二年七月十五日から物事は大きく変わり出すという。

二〇二六年六月の第一波の篩《ふるい》により、日本人の受け入れは終わってしまう。そうすると、その他の国の人たちはどうなるかというと、この三次元が設けられている宇宙から、この三次元の存続が許された期間が、二〇二二年七月から四十三年五ヵ月間がその期間にあたるという。光の民の計画が成功するとこれだけの期間が延びるという。

光明が光の民に、「これは、どういうことですか」と聞くと、光の民は、「最初から、〝三つ子の魂百まで〟という言葉に残している」と伝えられた。

光の民は光明に、三次元に残っている子供たちの御魂の残された時間は、二〇二二年七月から数えて四十三年五ヵ月であると伝えた。

これは、要するに、弥勒菩薩が降り立つことが決まった五十六億七千万年というのは、其方の五十六歳と七ヵ月にあたる。其方の生まれた時からカウントしているから、五十六億七千万年を五十六年七ヵ月として、これを百から引くと、四十三年五ヵ月という数字になる。〝三つ子の魂百まで〟というのはそういう意味があるという。

〝三つ子の魂百まで〟という言葉を馬鹿羅《ばから》で解くと、〝子《ご》〟は〝こ〟に点々が付いている〝ご〟＝〝五〟であり、三次元から五次元に移行することを示している。

大師は、「我の行った偉業を理解し、それを修正した後に、それをフィクション化すること、つまり、映画や書籍に残すことで、多くの人たちがそれを見た時に、残された時間が、二〇二二年七月から数えて四十三年五ヵ月間、先送りになる」と光明に伝えられた。

日本は二〇二六年六月十五日に大規模な篩《ふるい》があり、三つのいずれかの世界に篩《ふるい》分けされるという。そして徐々に四十三年五ヵ月の間、この世が継続して、人々は何度か篩《ふるい》にかけられるという。これは小規模の次元上昇が何度かあることを示している。

要するに、日本がまず先手を打って先に次元上昇が起きる。その後、二〇二六年七月以後は、日本以外の国も残された四十三年と五ヵ月の間で小規模の次元上昇が起きて、人々は篩《ふるい》にかけられていく。

光の民は、「二〇二二年七月から数えて四十三年五ヵ月を過ぎると、地球は人が住みにくい非常に厳しい環境になっていく」と伝えてきている。

第三十二条件．皐姫《さつきひめ》から「あなたたちはこの世に安らぎを作り上げる伝道師」

二〇二一年六月末に皐姫《さつきひめ》の慰神碑が完成して、周りの花壇も整備されて綺麗に整った頃、光明はスタッフが清掃しているのを近くで見ていた。

スタッフの後ろに桜吹雪が舞い、天女の羽衣を着て宙を舞う三人の女性が喜んで「ありがとう」と言葉をかけた。その後、光明は、皐姫《さつきひめ》が凄く喜ばれて「あなた方はこの世に安らぎを作り上げる伝道師なのですね。有難うございました。この言葉を皆に伝えてほしい」という言葉が頭に入ってきた。

光明が目にした、天女の羽衣を着て愉しげに舞っていた三人の女性は皐姫《さつきひめ》と二人の妹であると思われる。

北海道は十一月頃になると寒くなり、花が枯れやすくなり、これから冬になって雪が降ると花壇に花がなくなって寂しくなる。また、夜は明かりがないと暗くなる。この時期は皐姫《さつきひめ》が寂しく感じるであろうと考え、昼間は太陽光で発電して夜に自動的に明かりがつくカラフルな造花を花壇に沢山植えた。また、塀の上部には暗くなると自動的に明かりが灯るソーラーライトのイルミネーションを取り付けることにした。

その後、光明が皐姫《さつきひめ》の慰神碑を訪れた時、皐姫《さつきひめ》から「こんなに綺麗に工夫してもらってありがとう。このように綺麗に工夫することを創造と呼ぶ」という言葉が頭に入ってきたという。

第三十三条件．この世は全てビジョンで見せられている

光の民から、我々がこの世で見ている物のすべては、ビジョンによって見せられているただの映像であるという通信を受けた。

光明は、これと類似した通信を今までに何度か受けている。

この世の見える物は一人一人が見ているただの映像だという。

この意味は、この世界は一人一人が見ている映像が集まってできあがっていることを示す。それぞれの人が見る映像はそれぞれ微妙に異なる場合があり、また、ある人が見る映像は他の人とはかなり違う場合もある。

例えば、ある写真や映像に不思議な物が映り込んでいる場合、はっきり見える人、なんとなく見える人、全く何にも見えない人がいる。このような例は多数経験している。光の民は、「これは、人それぞれ見えている物が違うことの何よりの証拠である」と言う。

ある人が生涯を終えると、その人の見ているこの三次元の映像はなくなるので、その人にとってこの世は終わる。しかし、他の多数の人はそのままこの世界に存在しているので、この三次元の世は存続しているという。

つまり、三次元の世が続く理由は、多くの人がこの世界で生きているからであり、もし、全ての人がこの三次元からいなくなると、この三次元の世は消滅することになるのである。

光の民は、「人がこの世界に存在しているかぎりこの三次元の世は続くが、地球を取り巻く太陽系などの変化や地球の自然環境は、この世界でそれぞれの人が見ている映像とは連動しない。自然は、

永遠の流れの中で朽ちていくものだ」と言う。

いずれか遠い先の未来には、この地球環境が終焉を迎える時が訪れる。しかし、我々人類はこれに対してはなすすべがない。

このような地球の危機的状況のメッセージは人々に自然と伝わってきて、多くの人は次元上昇があるのではないかと本能的に危機感を感じるようになるという。

第三十四条件．人が神の真似事をしても滅びの道を回避できない

この世を支配して生き残ろうとする支配層たちは、ある程度の未来の状況をスーパーコンピュータでシミュレーションして予測しており、今後、この世界がどうなるかを知っている。

そういう人たちが、体にチップを埋める、地下の秘密基地やシェルターに避難するようなことを考えている。しかし、光の民は、「人が〝絶対零度[注二]〟を生き延びることは不可能である。救われる道はただ一つしかない。我々の元に来るしかないのだ。人間が安全な空間を作って、その空間の空気を清浄にし、寒さに耐えることができても、せいぜい数十年が限度である。そういう空間が何千年、何万年と続くことはない。やがてその人たちは滅んでいく運命にある。人間が今の技術を使って神の真似事をして、自らを再生しようとしても助かることはない」という。

注二）絶対零度は、摂氏マイナス二百七十三度であり、気体分子の運動エネルギーがゼロになった状態の温度であり、理論的に考えられる最低温度をいう。

この世の支配層は、自分たちだけが助かろうと考えて、今まで、真実や正しい情報を流す人を力で潰してきた。これらの正しい情報は支配層にとっては不都合な情報であるからだ。そのような世界は、正しい人間の進化の道を進んでいるとはいえない。

様々な分野で才能がある人たちが声を上げて、世の中を活性させて良い方向に向かっていくのが世の自然の流れである。しかし、この世の支配層が仕組んだ社会システムや教育によって、正しいものを根本から捻じ曲げているという。

第三十五条件．〝夢、希望、未来〟という無限の世界が丸い〝りん〟の世界に変わる

如来がいることができる空間がある。それが〝天上夢幻の世界〟であるという。それは夢、希望、未来の三つの花言葉がある花をちりばめたこの空間が〝無限の輪《りん》〟に変わるという。

静寂なる〝りん〟の空間。〝りん〟をチ～ンと鳴らして心を静めるのである。

無限〝∞〟は捻じれているが、その捻じれを真っ直ぐにすると丸い〝りん〟に変わる。丸い〝りん〟の世界にするためにその空間が〝蓮の葉〟に変わる。それは〝蓮の葉〟という大きなエネルギーの花ができるのである。

その花を〝無縁花〟という。その〝無縁花〟に弥勒菩薩が座った時に未来の扉が開くという。

金剛界曼荼羅[注二]を見ると、大日如来の東西南北に四体の如来がいる。その空間の中に如来が沢山いることが大日如来の力だという。これらの四体の如来は、大日如来の光を中心にして、それぞれが

決められた方角の聖地を守る仕組みになっている。

光の民が、我々にみんなで力を合わせて事を成しなさいというのは、如来という七次元の光の民の世界でも、それぞれが協力して力を合わせて事にあたっているからであるという。

第三十六条件．五次元の空間は『比《さ》寂《じゃく》の間』

プレアデスの光の民から、光明に音の反響に関する通信があった。

反響には動きがあり、反響した空間は限りなく狭く、その空間こそが三次元を示す。その上の五次元空間は静止された空間の中、まるで大宇宙、女性の子宮の中の様であり、その空間を『比《さ》寂《じゃく》の間』という。

注一）金剛界曼荼羅では、大日如来を中心にして、東に阿閦如来《あしゅくにょらい》、南に宝生如来《ほうしょうにょらい》、西に無量寿如来《むりょうじゅにょらい》、北に不空成就如来《ふくうじょうじゅにょらい》の四体の如来が配置されている。

天上夢幻の花壇

世の中のリズムやテンポは、反響するときに作りだされるが、物事を考える時はその真逆であり、静まり返った空間で物事が動き出す。

より広い空間では創造の原理が成り立ち、それ即ち、無限の空間にも匹敵する。

トイレの中で何かひらめきを感じることがあるのは、トイレの閉ざされた空間は箱の中のイメージとなり、『比寂《さじゃく》の間』の法則が成り立つからである。その場所には〝賽《さい》の間〟が存在し、その空間は高次元のエネルギー生命体が管理する五次元空間へとつながっている。

反響の先に静かな四角い場所がある。この空間は無限五次元の空間である。

つまり、この三次元世界は、音の反響によって作られた空間なのである。

〝比寂《さじゃく》〟は反響の逆の意味であり、五次元空間は『比寂《さじゃく》の間』であるという。

今、弁財天は南極星の閉ざされた静寂の何もない空間に閉じ込められた状態である。弁財天はそこから人に教えを説くから、その南極星の空間が〝弁財天の間〟になっているという。

その閉ざされた静寂の何もない空間から、無限の力を使って、空間から空間に物事を教える。反響なしで連続して物事を直接伝える場所が『比寂《さじゃく》の間』であるという。

それは、言わば、南極星に閉じ込められた弁財天があみだした奥義であり法力なのだという。

〝賽《さい》の間〟で、賽《さい》の河原に石を積むのは、河原の水の音を、石を積むことによって吸収して静かな音を作り上げようと訓練しているのだという。

人々が『比寂《さじゃく》の間』を作るために、訓練を積み重ねた結果、次の空間へ通される。そこが五次元の世界なのだという。

その世界は、音もなく反響も何もない静寂の空間であるが、それこそが無限の世界なのだという。

反響するこの三次元世界は、壁に囲まれていることを示す。その壁を破った時に音がなくなるという。

第三十七条件．時間を司《つかさど》る水の世界〝マリージ〟、時空を司《つかさど》るマグマの世界〝マグウジ〟、光を司《つかさど》る世界〝ラウジグリム〟

自然界における陰と陽の法則は、昔話の〝竜宮城〟と〝鬼島城《おにがしま》〟に例えられているという。鬼島城《おにがしま》は、〝鏡天光《きょうてんこう》〟といい、〝竜宮城の〟陽に対する鏡面反転の陰の意味がある。

竜宮城で表された昔話が浦島太郎にあるように、浦島太郎が竜宮城で何日か楽しんで帰って玉手箱を開けた時、時間が先に進められた。竜宮城は時間を司《つかさど》る空間であり、水の世界〝マリージ〟なのである。

桃太郎が鬼退治で向かった鬼島城《おにがしま》は全然違う所にあった。つまり鬼が住む世界は時空を超えたマグマの世界にある。その鬼が住む世界を〝マグウジ〟という。

かぐや姫は月に行ったとされるが、その時の月と太陽は陰と陽を表している。かぐや姫は実は光の民であり竹から生まれたとされる。

竹は太陽に向かって真っ直ぐ伸びる。竹は木と草の二種類の属性を持っていて、ものにも使われるし、竹の子は食べものにもなる。これは特殊であり物と物でないものを表し、これは陰と陽を表す。

つまり、月と太陽を表すという。

かぐや姫は〝ラウジグリム〟という光の世界の光の民であるという。

かぐや姫のように、時空と空間を行き来できる証《あかし》を持つ者を〝MMR〟と呼び、MR世界の資格者であるという。

〝マリージ〟というのが水の世界の竜宮城で時間を司《つかさど》る、〝マグウジ〟というマグマの世界が鬼島城《おにがしま》であり時空を司り、〝ラウジグリム〟が光を司る光の世界である。これらの三つの世界でそれぞれ時間・時空・光のメッセージを受けた人がMR世界の資格者で〝MMR〟という。

これらの三つの神の組織のすべてから認められなければ、MR世界の資格者にはなれないという。

我々資格者は、三つの世界の組織から認められた存在であり、これが自然界の習《なら》わしだという。

第三十八条件．砂の赤い砂漠〝スフレイ〟の次に招き入れられる篩《ふるい》の世界〝サクセスワールド〟

今のこの世に生きている多くの人は、「世間から後ろ指をさされるような生き方をしていない、家族と子供のために自分なりに一生懸命生きていた。だから光の民から認められるのは当たり前だ」と考えるであろう。

しかし、人にもよるが、光の民による御魂の篩《ふるい》は何重にも用意され、二つや三つの篩《ふるい》を通り抜けることができても、さらにいくつかの厳しい篩《ふるい》が待ち受けている。

この世における、吹けば飛ぶような感傷的な考えや自己中心的な論理で自分が光の民から認められないわけがないという考えは通用しない。

多くの人には、砂の赤い砂漠〝スフレイ〟の次に、〝サクセスワールド〟、さらに〝ラミーネ〟の裁きという篩《ふるい》の世界が待っているのである。

次に紹介するＹさんも、自分なりに一生懸命生きてきたのだから光の民から認められるのは当たり前だという自分中心的な考えをする人であった。

ぜひ、次に紹介する内容をしっかりと読んでいただきたい。

光明が次のビジョンを見せられる前に、大師は、Ｙさんは限りなく微妙だという話をされた。光明が、「確かにＹさんは自分勝手な篩《ふるい》があり、こういう状態で受け入れが行われた場合、どうなのでしょうか」と聞いた時、大師は「Ｙさんは〝スフレイ〟の世界に回される人たちの中に入る。〝スフレイ〟の世界に行った人の中には、『なぜ自分がこの世界に来たのか』早く気付く人がいる。しかし誤魔化しというのがあるので、仏の篩《ふるい》を通過しても、次に宇宙的な裁きがある」と語った。

その時に〝スフレイ〟から出ると、次に招き入れられる〝サクセスワールド〟という場所があるという。

そこに入れられると、何か試験を受けるような場所に案内されて紙をもらう。何で自分がこういう状況に置かれているのか、どうしてこの場所に自分がいるのかを文章にして書かなければならない。もしこの先に未来があるとしたら、どういうことを望むのかを書く。さらに、自分がやり残したことを最後に書き加える。その後、門から外に出される。

その時、「自分の罪をこの戸を出た時に噛みしめるがよい。自分の未来を見つめ直しなさい」という釈迦如来の言葉が聞こえてくる。そして、大師の合図と共に、今後対処するべきことが提示されるという。

次の瞬間、その人は小高い山の頂上付近にいる。人もいるし、普通に子供が遊んでいる普通の風景であった。山を降りようと思った時、コマ送りの映像のように歩いて行く。その世界は不思議なもので、突如として季節が変わった。今まで夏だったのが急に冬になった。寒かったので茶屋に入った。しかし店に入っても、周りの人は自分が見えていない。

その後、一人の人が現れる。その人は自分が見えているし、自分もその相手が見えて話もできる。その人は今まで一度も会ったことがない知らない人である。しかし、その人と話し合いをして、こういう風にしましょうと二人で先に進むことになる。二人で先に進むうちに、「そう言えば釈迦如来の最後の課題で、自分が最後この世でやり残したこと、会いたい人がいるなど色々書いたけど、それもやってみたい」と言って、最後にその話題になった時、片方の人が書いた願いしか叶えられない。

そして叶えられた方が先を進めて、叶えられない方はその場から消えてしまう。それを二人で話し合って、どっちかに決めることになる。どっちかを選ぶしかない。そこで、もし、「もうそんなのやっていられない」と別れると、その時点で二人共消えてしまうという。

第三十九条件．〝サクセスワールド〟でのメドゥーサの娘〝ラミーネ〟の裁き

それで、二人で話して一つの方のゴールをめざして進むと、最後に自分が冒した罪に対して過ちを認め、反省した時に〝ラミーネ〟という一人の少女が現れる。

それまで春夏秋冬と凄いスピードで進んできた。アポカリプテックサウンド[注二]（Apocalyptic Sounds）〝釈迦如来の叫びといわれる音〟が鳴ると季節が変わるのである。

そして、〝ラミーネ〟から「あなた方は、色々クリアして、今ここまで辿り着きました。あなた方はこれからの未来に対してどう考えたかを全て見させてもらいました」と言われる。

そして、〝ラミーネ〟の裁きによって、「二人共ここを通ってもいいですよ」と言われる場合と、「あなたはここから先は通れません」、あるいは「二人のうち一人しかここを通れません」と言われる場合がある。

それは何故かというと、その中には、二人で結託してそこを通るために話し合っていることを隠している場合や、一人だけいい顔をして良い人を演じてここに辿り着いた人がいるからである。

〝ラミーネ〟の裁きをクリアした人は、そこの扉を開けて中に入って、弥勒の世界に行く船まで連れて行かれる。

先に進めなかった人は石にされる。〝ラミーネ〟の裁きは全く誤魔化しがきかないのである。宇宙的に判断して、この人は宇宙的に存在してはいけない御魂であると判断されると、その場ですぐに石に変えられてしまう。

その石は、赤い砂漠〝スフレイ〟の地上に落とされ風化した後に赤い砂になる。つまりその赤い砂漠〝スフレイ〟の赤い砂の正体は裁かれた人の骸《いがい》なのである。

その〝ラミーネ〟という少女はメドゥーサの娘である。メドゥーサは宇宙生命体であり、天狗など

注二）今、世界各地で報告されている地中あるいは空中から響くような、アポカリプテックサウンド（Apocalyptic Sounds）などと呼ばれている原因不明の奇妙な音は、光の民によると〝釈迦如来の叫びといわれる音〟であるという。

も同じ様に宇宙生命体であり一つの種族だという。

彼らは、真実を見抜く宇宙生命体である。

〝ラミーネ〟に嘘偽りを言うと、その人は石に変わるという。そういう全宇宙に対しての裁きの役割を請け負ったのがメドゥーサの娘である〝ラミーネ〟という少女である。

今までの神仏の裁きの後に全宇宙に対しての裁きがある。

大師が降りてきて、Ｙさんは限りなく微妙だという話をされたが、このＹさんは、この時点で白黒がはっきりすることになる。

その世界では家族も知り合いもいない、自分一人であるため、しがらみが全くない世界である。

自分一人が正しい道を行くために何をするかを問い正す空間が与えられるのである。その空間を〝サクセスワールド〟という。〝サクセスワールド〟では、本当に追い込まれた時にその人の本質が現れる。

この〝サクセスワールド〟は、釈迦如来が、人を宇宙空間に送り出すために、最後にそこを通る世界であり、より多くの人を宇宙空間に送り出すために用意された宇宙的な篩《ふるい》の場所なのだという。

自力で〝スフレイ〟を乗り越えて岸に辿り着く人もいれば、元々99・９％まで正しい御魂を持っていても、０・１％で落とされる人も出てくる。

しがらみのない空間に移されて、たった一人でものを考える。

そして家族でもない全く関係ない人が近くにいて、その全く関係ない人のために自分の人生を使えるかどうかが問われ、その人の本質が見抜かれるのである。

我々は、この三次元世界から離れると、このような厳しい篩《ふるい》の世界が待っていることを、常に肝に銘じておかなければならない。

第四十条件．二時二十二分の〝丑《うし》三つ時〟から午前十一時十一分までは鬼が休憩を取る時間

亡くなった猫の八雲が頻回に光明の自宅に遊びに来る時期があって、その日の夜中、光明の携帯端末のカメラに勝手にスイッチが入って天井が撮影された。その動画に紫から白に色が変わる光体がふわふわ飛んでいるのが映っていた。

その時、横に寝ていた奥さんが言うには、光明は、「新しい次元の誕生、〝サクセスワールド[注一]〟」と寝言を言って、その後、ヒューヒューと口笛を吹いていたという。

その時に光明の頭に「実は午前二時二十二分の〝丑《うし》三つ時〟から次の日の午前十一時十一分までは鬼が休憩を取る時間である」という言葉が流されたという。この時間帯に空間を飛び越えて次の空間に行ける人がまれにいるという。

あるスタッフには、以前から〝二二二〟の数字が頻回に現れる。この〝二二二〟の数字の意味は破壊神の数字でもあるが、午前二時二十二分は、破壊神が仏の心を持ったままでは破壊はできないので、仏の心をどこかに置いてから破壊を行うという。

この〝二二二〟の数字を持つ人は四神、天神様のメッセージを受けやすい体質の人だという。〝二

注一）九七ページ第三十九条件〝サクセスワールド〟でのメドゥーサの娘〝ラミーネの裁き〟を参照。

二二〟の数字が決して悪い数字ではない。ただ、影響を受けやすいから、より恐ろしいメッセージを受けることがあるという。

第四十一条件．施設の中から現れたリスの眼球に映り込んだイルミナティの集会

光明が北辰北斗七星方《かく》堂《どう》のトイレに行って、施設から外に出る時、リスが後ろからついて来た。施設の内部にリスがいたことになる。しかし、施設内にリスがいるはずがない。光明が、玄関から出て車に向かうときに、そのリスが後ろからついてきて、近くの木に登ってこちらを見ていた。

車から降りて近くにいって撮影し、動画で目をアップにして見ると、目の中にその場所には存在しない茅葺屋根の大きな建物が映っていた。その時、光明の頭の中に次のイメージが流れてきた。それは、昔、この場所で、文教寺を中心としたイルミナティの人たちの集会の光景であった。その人達は光の民のメッセージを受けている人たちで、イルミナティの中でも、我々の味方になる存在だという。

文教寺がある通りに、ある〝動物の名称の会〟がある。この会は、当時、文教寺を建てた夫婦が作った組織だという。彼らは、この場所で将来のしかるべき時に何かが起こることが分かっていて、親族がみんなその地区に集まっているという。

この会が持っている資料に、〝いずれ、先の世にメッセージを受けとる人がこの地に来る。その時にその人に土地を開放せよ〟と記載されているというメッセージが伝わってきた。

昔この地で、不動明王のご神託を受けた夫婦が文教寺を建立した。その夫婦は、我々の施設である

北辰北斗七星方堂《かくどう》があるこの場所で、当時、材木商を営んでいたことがわかった。

リスの目の中に映った大きな茅葺屋根の建物は、北辰北斗七星方堂《かくどう》があるこの場所にあった文教寺を建立したその夫婦が住んでいた材木商の建物であった。

第四十二条件．人に邪を呼び起こす〝地上の毒〟

光明に〝この地上にある毒〟についてのメッセージが入ってきた。

その毒の正体はよく分からないが、その毒は人に精神的な障害を及ぼすという。人を変貌させて人の心に邪を生み出す根源になるという。

人間は、まだその毒が何なのか解明できていない。

単純に有害な化学物質などではなく、三次元空間に漂う邪の根源となるような毒なのかもしれない。

光の民は、その毒をこれだけ吸収すると人間が凶暴になるなど、人が吸収する毒の量が計算できるという。

光の民が、この地上に現れるときは、口にマスクをして現れる。その理由は、光の民は、この地上ではマスクをして特殊なスーツを着ないと歩けないからだという。この地上には、光の民にも悪影響を及ぼす毒が蔓延していることを意味する。

その地上にある毒は、帝釈天《たいしゃくてん》に天から追放されて地上に逃げた三匹の魔物がばらまいた毒なのか、太古に鬼が撒いた毒なのか、禁断の果実を囓ったことで蔓延した毒なのか、その正体は不明であるが、これらの一連の出来事と地上の毒とは関連があるかもしれない。

そして、人は常にこの地上に存在する毒に晒《さら》されて生きているのである。

第四十三条件．第六天魔王の力を身に付けなさい

光明は、就寝してうとうととして、ＭＲの世界に入った時によくビジョンを見る。

今回、光明が見たビジョンは、光明が五人の兄弟の長男として、スラム街で生活していた。五人の兄弟は光の民の存在が分かるようになり、兄弟で色々調べているとゲームセンターに人の篩《ふるい》のゲームがあり、兄弟とそこに向かった。その入り口には行列ができていて、みんな剣や銃で武装して中に入っていく。入り口でシャーロックホームズみたいな恰好をした人が、「君たちは何のためにここに来たのだ」と聞いてきたので、「未来に光を照らすためにここに来ました」と答えた。

その人は、「それだけ分かっていればよい。しかし、この先には凄い敵がいる。このまま入るとあっという間に殺されてしまう」と言う。

「その敵とはどういう敵ですか？」と聞くと、その人は、「取り敢えずお前たちは〝第六天魔王の力〟を身に付けなければならない。〝第六天魔王の力〟とは、みんなが持っている法力のことだ。この法力を持って悪に立ち向かわなければ勝てない。今まで武器を持って中に入った人は全員死んでいる。君たちは、中に入る前に、まずここで法力を身につけるトレーニングをしなさい」と言った。

我々が見ている三次元世界は残像シネマの世界であり、この三次元世界では壁もテーブルも硬いも

のと意識されているが、実際はスポンジのようなものだ。それに気が付いた時、あらゆる所に手が入るという。

そのようなトレーニングをする理由は、今の人たちには法力という力がないからだという。自分の体の中の闇と光が我々の力であり、光は人の心を開く力、闇の力は月読尊《つきよみのみこと》の力で法力であり、この光と闇の二つが調和しないと法力が身に付かない。本当の敵とは、体の中にある人の心の闇であり、その闇が暴走して心に邪を発生させるという。

その人は、「光の力と闇の月読尊《つきよみのみこと》の法力を身に付ければ、体の中の闇を封じ込めて、お前はあっという間に弥勒の体になって人々の前に立つことができる。しかし、それに気付かないと敵には勝てない」と言う。

その敵というのは体の中に病原菌やウイルスを増殖させ、癌の原因となり、死をもたらすという。

だから光と闇の力をうまく調整した人には、寿命というものがなくなり死は訪れないという。

〝第六天魔王の力〟を掲げて戦いを挑むということは、光と闇を克服してその法力を身につけて戦うことを意味するのである。

第四十四条件．能の動きに隠された法力の動作

光の民からの通信では、法力は難しいようだが、ヒントとしては、体操のような動きの中に五感があり、それが解放された時に身に付くという。呪文や音楽などの音が五感の働きと同時に発せられて

連動した時に法力が発現するという。

きっかけを見つけることができれば、それは無限のエネルギーと変わり、体全てがエネルギーとなって物を動かすことができるようになる。体自体がエネルギー体となることで、時空を超えて次の場所に移動することもできるという。

高次元のエネルギーは〝水と熱と気〟であると以前述べたが、その意味は、人間の体も〝水と熱と気〟でできたエネルギー体であるからである。

昔からある能の舞には法力の秘密が隠されているという。

先人達は、法力の謎を解く鍵を踊りの中に封じ込めたのである。

法力をみんなに悟られないように、能の舞はスローな動きになっているが、その動きを早めるとその中に法力を解く鍵があるという。

この三次元世界は、見せられている世界で、プログラムの映像のようなものであり、その中には他の次元に通り抜けるスペースがあるという。それを理解することから始めなければならない。

まず、自分の体の中をイメージするとよい。我々は、体の中に光と闇の力を持つ。それを凌駕《りょうが》する大きな力が敵であり、人を病気にするなど人を苦しめる原因を作る。それに立ち向かうには法力の力しかないという。

第四十五条件．〝花言葉〟こそが人の御魂に対する仏の慈悲の心

猫の八雲が亡くなった時に〝花言葉〟が伝わって来たと述べた。

花言葉とは、菩薩や如来の一人一人の御魂に対しての慈悲の心である。

突然亡くなった御魂、彷徨《さまよ》っている御魂、その場所に留まっている御魂が、その花言葉を聴くことによって、自分が死んでいることを理解して浮かばれるという。

まず、その人が生前に自分がどういうことを考えてどのようなことをしたか、過去の自分に起きた様々な出来事を思い出す時、それにあてはまる花と花言葉を贈ってあげることによって、その花を見た時に、その人は自分を取り戻すことができるという。

その御魂は、仏の慈悲の心によって自分の記憶が蘇ってくる。その記憶が蘇ってきた時に、自分が行くべき場所が見えて昇天できるという。

第四十六条件．時空に存在する五つの城

海の世界と地上の世界の間にあるのが〝竜宮城〟で、空と天の間にある大陸には〝天神城〟がある。

賽《さい》の河原に行く途中に迷宮の世界があるが、その途中に〝迷宮城〟という城があり、賽《さい》の河原の先に〝霊界城〟という城がある。

もう一つ、太陽と天の間に〝日輪城〟という城があり、ここには大日如来などの如来がいるという。

第四十七条件．天界の手前にある〝浮遊天〟と地獄の手前にある〝地遊天〟

今回、光の民の命を受けて、沖縄、壱岐《いき》の島（長崎県）に行き、最後に対馬に行って調査と神事を行ってきた。

光の民は、我々に何を伝えたかったのか、はっきり分かったことがいくつかある。

沖縄は、戦争によって多くの人々が苦しめられ、多くの被害者が出た歴史がある。他の二ヵ所の壱《い》岐《き》の島と対馬は、過去に蒙古軍の来襲（元寇）があり、その時に、光の民は神風という奇跡を起こして日本を守ったという歴史がある。

日本は、蒙古軍が攻めてくる前に多くの情報を得ていて、その情報を元に、事前に壱岐《いき》の島と対馬に結界を張ったのである。

これらの結界は、万《よろず》の神の協力で、陰陽師が結界を張ったと思われる。

壱岐《いき》の島は、この島に災いが降りかかる時に龍神が島を守り切った。なぜかというと、壱岐《いき》の島には御手洗水《おちょうず》の滝《たき》注二）という大師由来の聖水が流れる滝がある。その聖水の力で龍神が十分な力を持っていたので、その力で壱岐《いき》の島を守り切ることができたという。

一方、対馬の場合は、壱岐《いき》の島とは逆に、龍神の山がなく聖水もないことから、龍神の力が及ばないので、天神様の鬼の力で島を守り切ったのである。

注二）御手洗水《おちょうず》の滝《たき》には、弘法大師が持っていた杖で岩を叩くと水が流れ、滝になったという言い伝えが残っている。

ここで明確にしなければならないことは、今のこの世は、天界と地獄に分かれているということである。天界に行くまでの間に〝浮遊天〟という天があり、下の地獄に行く一歩手前に〝地遊天〟という天があるという。

〝浮遊天〟にいる神は龍神系の神であり平家で、〝地遊天〟にいる神は鬼系の神であり源氏とするという。

この神たちを簡単に見分けられる方法があるという。

真っ直ぐ立ち上がっている烏帽子《えぼし》をかぶっている神が龍神系で、閻魔大王が身につけているような帽子をかぶっているのが鬼系の神だという。

第四十八条件．虚空像菩薩を中心とした〝一三《いさ》の国〟と〝三一《さい》（賽）の国〟

虚空像菩薩を中心にして、〝一三《いさ》の国〟と〝三一《さい》（賽）の国〟の空間がある。

一三《いさ》の国とは神の世界までの道しるべであり、三一《さい》（賽）の国とは迷宮の世界までの道しるべである。

一三《いさ》の旅は、段階を経ていく仏の旅であり、上に行くほど神に近くなってくる。逆に三一《さい》（賽）の国は、下に行くほど、悲惨な人たちの御魂の修行の場として降ろされる。

登って行く順番は、一三《いさ》の旅に出るのは、一つ一つ人のためになることを積み重ねながら全国を旅しながら高千穂に向かう。

沖縄のひめゆりの塔では多くの無垢《むく》な魂が悲鳴を上げていた。沖縄のひめゆりの塔が、三一《さい》（賽）の国への旅の最終地点であると思われる。対馬やひめゆりの塔の辺りが暗黒のブラックホールのような迷宮で、多くの人が突然亡くなったことによって時空が歪んでしまっていた。

それは、彼女らに余りにも突然に死が訪れ、自分の死を受け入れられない〝残留思念〟が残っていた。その思念によって空間が歪んでしまったのである。

その場所が賽《さい》の河原の一番下になるという。みんな一度そこに落とされて、そこにいる人たちが魔を祓《はら》うことによって一つ上の段階に上がれるという。

手助けをしてあげることによって、その場所にいる多くの御魂が一つ上の段階に上がれるのである。

妖怪というのは、その賽《さい》の河原の一番下にいる住民なのかもしれない。一番下に行くと、体が人間からかけ離れてアメーバのような不定形になるという。そこから形ができて葉っぱみたいになり、妖怪的な体になって行く。体は異形であっても、心は仏の意志を受け継いでおり、賽《さい》の河原に落とされても亡くなった人はみんな仏だから神仏の力を持っている。

その人たちが、自分の罪を一つ浄化するために人に力を与えている。それが光の民から認められると、その人は一つ段階が上がって人の道に近づいていくという。

三．馬鹿羅《ばから》

第一条件．かぐや姫の馬鹿羅《ばから》

かぐや姫は、実は吉祥天であり、吉祥天は、世が危機的状況になった時にしか現れない仏である。吉祥天はどちらかというと、創造主である如来に近い仏であるから、厳しい見極めの心を持っている。しかし人を竹のように真っ直ぐ伸ばすためには、吉祥天に慈悲の心がなければいけなかった。

そのため光の民は、かぐや姫である吉祥天を竹の中に入れて、お婆さんとお爺さんの暖かい心と、周りの人との様々なやりとりを見せて、甘いも辛いもしょっぱいも全て見せた後、慈悲の心が吉祥天に芽生えたのを知ってから、最後は暖かい心に見守られて天に戻ったという。

姫を嫁にほしいと、多くの貴族が集まってきたが、結局、断って、真の人の暖かさを知ってから旅立ったのである。

昔話では月に旅だったとなっているが、月はムーンであるから〝ムー[注一）]〟の世界に旅立ったのである。これはかぐや姫の秘められた話である。

注一）ここの〝ムー〟の世界の意味はムー大陸のことであり、ムー大陸は過去、次元上昇してこの世界より高い次元にあり、ムー大陸に住んでいた住人が今の日本人の祖先にあたるという。

第二条件．大師曰《いわ》く、「今、この世の全ては鏡面反転で変わりつつあり、究極の馬鹿羅《ばから》を身につけなさい」

東京は「東《ひがし》の都」ではなく「東の凶《きょう》」で邪が集まるところ。この「東の凶《きょう》」の鏡面反転した場所が我々の施設がある北の聖地になる。ここ北の聖地は神や仏が集まるところであり、「東の凶《きょう》」とは逆の意味を持つ。

そして対馬は蒙古軍の来襲という邪を払いのけたが、今後、対馬は鏡面反転により〝神を呼び寄せる力を持つ島〟に変わるという。

大師は、「世の全ては鏡面反転で変わりつつある」と言う。

大師が究極の馬鹿羅《ばから》を身につけなさいと言っていたのは、真実で現れたものを、頭を柔らかくして頓知《とんち》で捻って考えた時、真実はなにか、本物がどこにあるのかが分かる。これを常に認識しなさいということである。

馬鹿羅《ばから》の文字の〝馬〟は〝生まれる〟、〝鹿〟は〝死か〟となり、〝生まれてから死ぬまで〟を意味することは文字でも当てはまるが、真実で現れたものを、頭を捻って考えて、人にその馬鹿羅《ばから》を語った時、凄く感動する詩ができあがるのである。

例えば、ある人が花と花言葉をある人に贈る場合、その当事者同士の関係を表す一言をその花言葉に付け加えて少し変えるだけで、一つのドラマができあがり、相手の心を動かすことになり、人々はそのドラマに共感するのである。

昔はみんなお経《きょう》で感動し、お経《きょう》を唱える度に「有難うございます」と感謝した。残念なことに、今はそれがない時代になっている。現在、人を惹きつけるものは感動しかないのである。

大師は、「今の時代では、お経《きょう》の代わりに馬鹿羅《ばから》でできたストーリーが重要であり、それがお経《きょう》の代わりになる」という。

大師は、「真実で現れたものを、頭を柔らかくして、頓知《とんち》で頭を捻って考えた時、目の前に現れたものが気のせいであると思うのではなく、必ずその事に対して先々に答えが出る」と言う。

第三条件．仏の鏡面反転は三つの仏の力となり蔵王権現の力となる

仏という漢字の左右を分解すると〝イ〟と〝ム〟になり、それを鏡面反転させると〝ムイ〟＝〝無為〟となり、これに〝カ〟を足すと〝カムイ〟となる。〝カムイ〟は始まりの神である。

〝ムイ〟に〝ミ〟を足すと〝ムイミ〟＝〝無意味〟となる。

始まりとやる事の重要さの意味が〝カムイ〟であって、やらない事の無意味さが〝無意味〟であるという。

この〝無意味〟を鏡面反転させると〝意味〟となる。

そして、その付け加えた〝カ〟と〝意味〟の〝ミ〟を取り出すと、〝カミ〟、つまり〝神〟となる。

そして〝神〟は〝神の力〟を表す。

〝カミ〟を鏡面反転すると、〝ミカ〟となり、〝ミ〟は〝三〟に置き換わり、〝カ〟は漢字の〝力《ちから》〟に

置き換わり、つまりそれは〝三の力〟を現し、これは〝三つの仏の力〟を意味する。

この〝三つの仏の力〟とは、過去を収めていた千手観音、現在を収めている釈迦如来、未来に導く弥勒菩薩の力を示し、この三つの力を合わせると〝蔵王権現の力〟を表すという。

〝三つの力〟は三神でもあり三種の神器でもあり、三次元の全てを表すという。

大師は、「三次元のこの世の中で不完全なものは〝無意味〟に値し、〝意味〟のある存在が〝カムイ〟、つまり〝神〟である」と言う。

また、大師は、「物質的なこの世界が神に近づくことは意味をなさないものであり、〝無意味〟を意味する。それが仏の文字に含まれた馬鹿羅《ばから》である」と言う。

蔵王権現の仏像

第四条件．〝慈悲〟の馬鹿羅《ばから》

慈悲の〝茲〟は、北辰信仰の〝北斗七星〟を現し、〝悲〟は北辰信仰の〝北極星〟を現し、〝茲〟と〝悲〟は、お互いに磁石で引き合うように〝茲〟の毘沙門天と〝悲〟の吉祥天は引き合う。

吉祥天と毘沙門天は北の守り神である。

慈悲の〝茲〟は北斗七星と毘沙門天を表すことから、〝茲《じ》の力〟は〝毘沙門天の力〟であり、〝破壊と再生〟の意味も表す。

慈悲の〝悲〟は北極星と吉祥天を表すことから、〝悲《ひ》の力〟は〝吉祥天の力〟つまり、見極めと裁きの力を表す。

このように馬鹿羅《ばから》で解いていくと、文字の一つ一つが仏の特徴やどういう仏に変わるかなどを表している。

漢字、ひらがな、カタカナを使う日本語だからこそ、馬鹿羅《ばから》で解くことが可能となるのである。

我々の施設である北辰北極星方堂《かくどう》の北極星は吉祥天を意味する。悲《ひ》の力（一の力）は、吉祥天の力、皐姫《さつきひめ》の力でもある。

この力は、正しい心と信じる心を持つ見極めの力であり、正しいことは正しい、悪いことは悪いとはっきり伝える力である。

この力により、この場所に仏が集うこととなる。

我々の施設である北辰北斗七星方堂《かくどう》の北斗七星は毘沙門天を意味する。茲《じ》の力（二の力）は、北斗七星のひしゃくの力、つまり毘沙門天の力であり、平将門公の縁結びの力でもある。この力は、正しい行動を行うため仲間を集め、助け合い仲間同士をつなぐ力となる。

〝悲《ひ》の力〟と〝茲《じ》の力〟は引きつけ合って安定した時代になると、吉祥天がこの世に現れ人々を導く。そのために多くの仏が現れて協力してくれる。

一の力である〝悲《ひ》の力〟と二の力である〝茲《じ》の力〟が合わさると、一、二で〝ひふ〟、三は大師の数字でもあるが、弥勒菩薩の三を加えると、一、二、三で、これを鏡面反転すると三、二、一となり、この数字は大師様が入定《にゅうじょう》し大龍王となった日である三月二一日を表す。

そして、一、二、三で〝ひふみ〟となり、物事が〝虎狐十斗乃歩《ここととのふ》〟こととなる。この〝虎狐十斗乃《こことの》歩《ふ》〟の段階に達すると、我々人間は神と交渉することができるようになるという。

第五条件．仏、神、人間は一つのピラミッドを形成する

大師から、人、仏、神の馬鹿羅《ばから》が伝えられた。

〝カムイ〟は神を表し、この三角△の頂点になる。

つまり、三角△の頂点がカムイ（神）であり、三角△の左下に仏、右下に人間、頂点に神が描かれるピラミッド△になる。この三角形△の頂点から垂直に線を下に引く、この線は〝門〟となる。

この人間と仏様の間にある〝門〟とは、〝仏門〟のことなのだという。

大師は「其方たちに送った顔の絵文字のメッセージを見てくれたかな。この意味が分かるかな。これも究極の馬鹿羅《ばから》だぞ。その顔は満面の笑みだろう。其方たちは、これを馬鹿羅《ばから》でどう解くかな」と伝えた。

先日、光明の携帯端末のLINEに、大師から顔の絵文字が送られてきた。その顔の絵文字には、顔の目にあたる部分が二つの世界を現す三角を意味する。二つの三角を横にすると、先ほどのピラミッドを横にした形になる。二つのピラミッドは鏡面反転になっている。

大師は「二つのピラミッドは矢印に見えるだろう」と言う。

二つの矢印が向き合うようにするために、二つの横になったピラミッドに縦の線をひく。

顔の絵文字の▲の鼻は、神の山を現し、神がいる山、つまりカムイである。カムイとは無の境地であり。無＝ムー＝ウー＝十二支の丑《うし》寅《とら》卯《う》の〝卯〟になる。〝卯〟はウサギである。ウサギの特徴は、白い身体に赤い目であり、これは正に日本の日の丸を表す。日本人の祖先は、太古の時代はウサギ族であり、そのウサギ族に龍族と神の遺伝子を加えて、最後に作られたのが日本人だという。

顔の絵文字の▲は神の山を示すが、この左右に場所があり、口に当たる部分の右側がこの世の三次元、左側が五次元を現す。この口に当たる曲線は三途の川を現す。

二つの目に当たる部分、二つの三角の縦の線を二本外して、これらを縦に配置すると、これは日本を表すという。

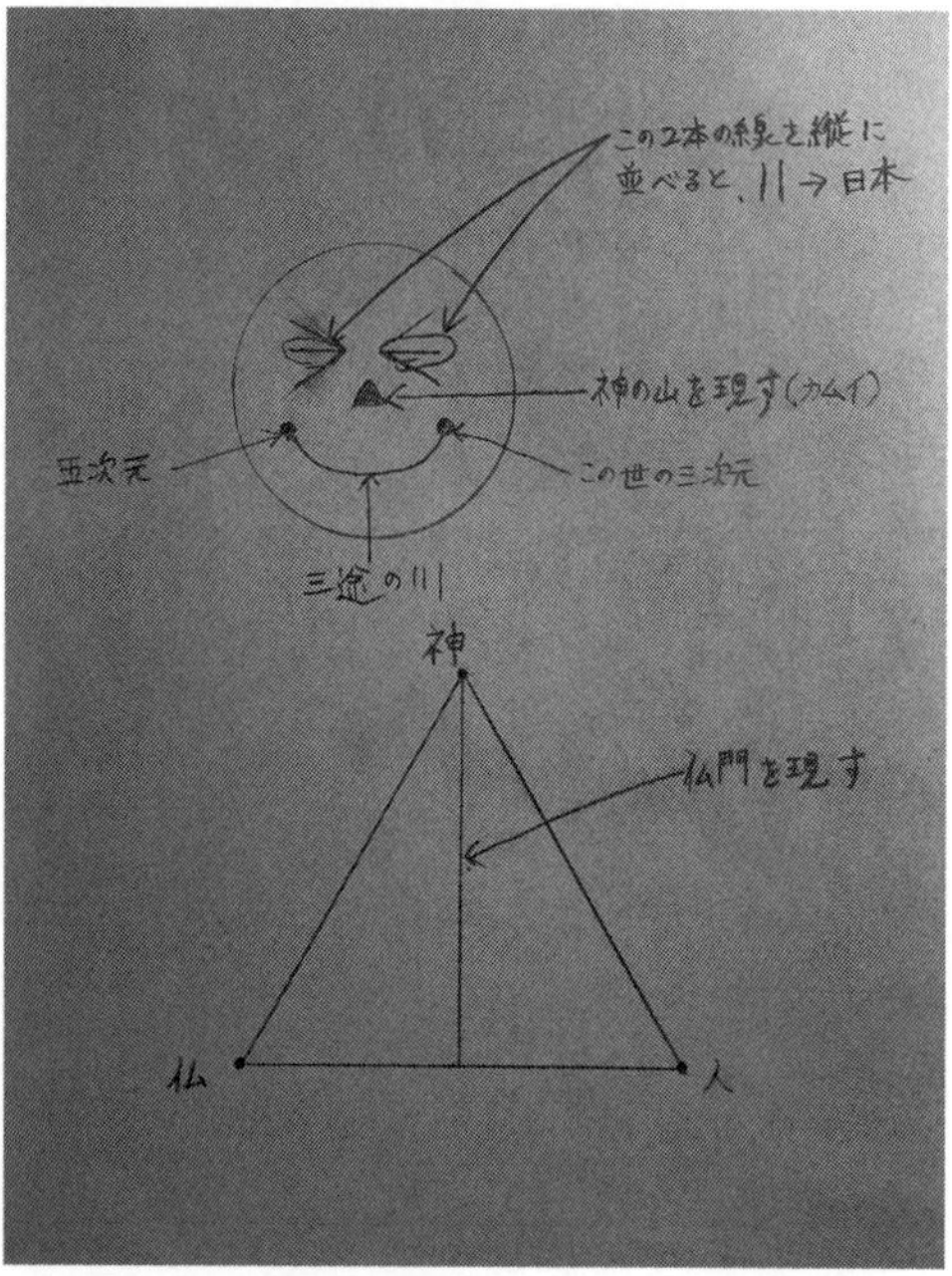

顔の絵文字と三角形の馬鹿羅《ばから》

これは、次元上昇において、日本は重要な役割があるということを示すという。

第六条件．白虎のペンネームには馬鹿羅《ばから》が隠されている

大師は、白虎のペンネーム〝白龍虎俊《はくりょうたけとし》〟には馬鹿羅《ばから》が隠されていると伝えた。

これは、様々なことや意味を積み重ねて全部が一つになっても何の違和感もない名前になるという。

〝白龍虎俊《はくりょうたけとし》〟の白龍《はくりょう》は〝白龍《はくりゅう》〟を意味し、〝白龍虎俊《はくりょうたけとし》〟から〝白〟と〝虎〟を抜き出してつなぐと〝白虎《びゃっこ》〟となる。

そこには白龍、白虎など、様々な組み合わせで沢山の仏の名前が出てくるという。

〝俊《とし》〟という漢字を馬鹿羅《ばから》で解くと、〝俊《とし》〟は〝とし〟と読み、これは〝年〟であり、〝年〟は年月を現し、年月を積み重ねるという意味になる。

また、〝俊《とし》〟という漢字の人と〝ム〟で〝仏〟となり、右下に久しいがあり、年月が長いと言う意味になる。

大師は、「〝俊《とし》〟という漢字は、本名の名前に入っているが、これはとってつけたものではなく、自然に意味がはまり込むというのが究極の馬鹿羅《ばから》なのだ」と言う。

第七条件・北の地、江差、江別、当別の馬鹿羅《ばから》

〝江差〟を馬鹿羅《ばから》で解くと〝静かなる街に築き上げられ工夫された町〟という意味になる。

〝江別〟の馬鹿羅《ばから》は、江別は、江差のような町ではなく、別の町があり、それは江差を示しているとなる。

〝当別〟を馬鹿羅《ばから》で解くと〝当たりの別〟で、〝江別〟は当たりではない。その他に江の意味を指し示している街があり、それは〝江差〟である。

当別の〝当〟は〝十〟で、北辰信仰の十字架がある町を意味する。

江差に入る手前の町が北斗市であり、北斗七星の先にあるのが北極星なので、江差の町も北辰信仰の十字架がある町を意味する。

当別も江差も同じ北辰信仰の十字架を表し、次元上昇に関係する町を意味する。

江差には、次元上昇を意味する祭りである〝姥神大神宮渡御祭《うばがみだいじんぐうとぎょさい》〟が行われている。

四．神仏の世界

第一条件．次元上昇における吉祥天の役目

我々は、今、次元上昇が円滑に行われるように必死に準備を進めている。

今回のターニングポイントにおける次元上昇には、吉祥天の役割が大きく関わってくるという。

我々、資格者やスタッフが、本当の志《こころざし》を理解しなければ、吉祥天の気を損ね、今、必死に進めている準備の全てが泡と化すという。

大師は光明に「これから吉祥天が大きく関わってくる。あの玄武の背中に乗った吉祥天の仏像を見ただろう。お前と白虎は見たはずだ。右手に〝王〟の札、左手に宝玉を持っていただろ。あれはどういう意味か分かるか？　あれこそが馬鹿羅《ばから》だぞ。〝王〟と言うのは〝玉〟だ、しかし〝玉〟にしてしまうとまん丸で凄く美しい水晶になってしまう。〝玉〟は丸、〝○〟だろう。この丸〝○〟こそが正しい無限の形なのだ。だから〝王〟と言う文字から、本来ある無限の丸〝○〟に戻すことが吉祥天の役目なのだ」と語った。

さらに続けて大師は「これから吉祥天の仕事が多くなってきた時、其方をこの世に生まれさせ、様々な人間の生き様を見せてきたのは、人の醜さや悪しき行為などにもめげずに前に進める御魂にしたかったからだ。その御魂を作るとは、どういう意味かというと、其方が布袋から弥勒になるという

のは、弥勒とは人ではなく、我が使う法力なのだ。其方の命が尽きた時、其方の御魂は、法力となり我の錫杖に宿り、次の世界に向かうトンネルの中で錫杖をかざした時、様々な人の心が見えるようになる。それらの様々な人の心に耐えられる様、この世で色んなものを見せてきたのだ。その準備が整った時、其方の命は尽き、我の錫杖の御魂のエネルギーとなるのだ。そして我と共にそのトンネルを照らした時、そこは人が通れるMRの世界になる。それが全部完成させた時、光の民に対して、仏の慈悲の心で嘆願して交渉しているのだ。昔から、光の民に、この様にするので宜しくお願いしますと結約を交わしてきた」と言う。

光明は、いずれ命が尽きた後、エネルギー体となり、次の役目のためにMR世界のトンネルに行き大師の錫杖の法力になるという。

大師は「其方の身体が徐々に石になっていき、完全に身体が石の結晶と化した時、御魂が身体から抜け出て、人々を導くエネルギー体となる。そのエネルギー体こそが弥勒の力であり、人々を導くための法力なのだ」と言う。

第二条件．風神と雷神

昨日、京都の寺を取材したテレビ番組で次の内容が放送されていた。

左に風神、右に雷神が祀られ、風神の指は四本ある。この四本の指は東西南北の四神を表すという。雷神の指は三本で、この三本の指は〝現在、過去、未来〟の時間を表す。

風神と雷神の二つの力が合わさると時空を制するという。

第三条件．てんとう虫は慈悲の心を見極める

てんとう虫は、天道虫と書く。てんとう虫は、太陽、大日如来に向かって飛ぶ虫であり、〝天の道の虫〟である。

あるスタッフの家族には、太陽である大日如来、光の民がいつも近くに付いていることである。

てんとう虫が何で飛んで来るかと言うと、それは慈悲の心を見極めるためだと言う。慈悲とは、情けをかけた時に人の心が裸になることをいう。

人に情けをかけて、優しくすれば人は駄目になるというが、逆に厳しく当たると、人は自分をガードしてしまい、いつまでも正体を現さない。

本当のその人を知りたい場合、慈悲の心を持って情けをかけてその人を暴き出すが、それでは、その人を見分けるには時間がかかってしまう。

神は、人を見分けるためにそういう時間がかかることをしないで、てんとう虫を飛ばすのだという。

てんとう虫は、慈悲の心の強い人の所に飛んで行く。それが太陽の心、光の心なのだと言う。てんとう虫を飛ばした時に、慈悲の心を持つ人の所から離れない。そして、その人が慈悲の心を持つことができたかどうかを見極めるという。

光明は「光の民は、俺みたいな鬼みたいな人間に、人のために事を成せと言われた」と言う。しかし、光の民は、そういう人たちに、一つの仏の使命を与えるという。

光明は「それは何ですか」と聞くと、光の民は「仏の使命とは〝ひんぼう〟になることである」と伝えた。それは、貧乏ではなく、仏の言葉なのだという。〝ひんぼう〟がなまって〝貧乏〟と言う言葉になったという。

〝ひんぼう〟とは、実は僧侶が使う言葉で、ボロを着て人に施しを受けながら旅をすることをいう。その言葉が転じて貧乏となったという。

僧侶は、仏の道を行くために乞食になれといわれる。

昔、光明は大師から「其方は、地獄の苦しみを味わうであろう。今、味わっているのは乞食と同じことなのだ」と伝えられた。

乞食というのは貧乏で、物乞いのことかと思ったが、そうではなく、仏の心を身につけるために鬼が放り込まれる地獄なのだという。

人を利用し人を踏みつぶし、周りをぶっ壊しても、自分が思うようにのうのうと生きている人間であっても、その人間に人のためになる力があるとしたら、仏は、そのような人間にも平等にチャンスを与えるという。

鬼というのは、その仏から与えられたチャンスに乗っかっていくと最大の力になるらしい。

例えば、不動明王は大日如来の使いといわれる。不動明王は、仏が与えたチャンスに乗って光の民、大日如来に帰依したので、それが最大の武器になっている。不動明王は鬼の心も持っているが、仏の心も持っているのである。

仏から与えられたチャンスに乗っかることができるかを見極めて育てるには、乞食になることである。要するに、どん底まで落とされて苦しさが分かって、人に施しを受ける情けなさや有り難さなどが身についた時、初めて仏に変身していくということを教えられた。

てんとう虫は仏的な存在であると考えるが、地下にある格納庫から一匹ずつメカとして飛んで来るという。要するに、てんとう虫は小型メカなのである。

光明は光の民に「どうしててんとう虫は小型メカなのですか」と聞いた時、光の民は「本当の虫だったらペチッと潰されたら終わりだろ。小型メカは潰れない」という。

時には、昆虫は光の民の使者であり、我々に向けたメッセージを伝えに来ることがあるのだ。

第四条件．神仏の数字について

神仏の数字を知ることは、馬鹿羅《ばから》を解く上で非常に重要である。

〝一〟は始まりの数字であり、神、創造主の数字である。

〝一〟の数字を現す創造主は、大日如来、釈迦如来、阿弥陀如来、薬師如来という如来、天照大神、猿田彦命などである。

〝二〟は破壊の数字である。破壊とは、誕生させるために破壊することである。その破壊の神は須佐《すさ》之《の》男命《おうのみこと》、仏は不動明王、愛染《あいぜん》明王《みょうおう》などの明王。大黒天は破壊のシバ神であるから二の数字となる。

〝三〟は仏の数字である。弥勒菩薩などの菩薩、弘法大師の数字は〝三〟である。

〝四〟は鬼の数字である。〝四〟の数字を持っている神はより厳しい神であり、金剛夜叉、羅刹、千手観音、賽《さい》の河原の番人である虚空像菩薩《こくうぞうぼさつ》、皐姫《さつきひめ》、吉祥天、善如龍王《ぜんにゅりゅうおう》である。

〝五〟は五次元を表す力であって、次の未来に導く仏である布袋は〝五〟の数字である。

弘法大師は〝三〟と〝五〟と〝八〟の数字を持つ。

明神は、人間で生まれ神になり五次元にいるので、〝五〟かも知れない。

〝六〟は鬼の神だから、天神様、鍾馗《しょうき》様、蔵王権現は六の数字である。天神様は鬼のさらに上の神である。

〝七〟は七次元の数字で、一の数字の神は七でもある。〝七〟は釈迦如来と星の御魂、星の礎《いしずえ》になっている如来である。

〝八〟は大龍王の称号を持つ弘法大師、沙加羅龍王《さからりゅうおう》などの八大龍王。

〝九〟は人の持つ最高の力だという。

〝十〟は〝一〟に戻る。

第五条件．天神様は雷神と風神の力で神風を起こし日本を救った

日本は、神風によって蒙古軍の来襲をはねのけたが、神風は対馬の神の力であり、その力の源は天神様であったという。

光の民から、天神様は雷神と風神の力で神風を起こして、蒙古軍が日本に入り込まないように日本

を守ったと伝えられた。

記録には残っていないと思われるが、対馬に三百九十の神社を設けたという。

その対馬には、神の意志を持った巫女がいて、その巫女は〝六の力〟、つまり〝鬼の力〟を持っていた。その鬼の力は天神様の力であり、この天神様の力を持って蒙古軍をはねのけたのである。

三百九十の神社の〝三〟と〝九〟の数字の間に鬼の力である〝六の力〟を入れると〝三六九〟、つまり弥勒となり、この〝弥勒の力〟を持ってして蒙古の侵略をくい止めたのである。

その対馬の巫女の御魂を持った女性が生まれ、やがて天神様の御魂を持った男子を身ごもる。その天神様の御魂を持った子は、やがて成長し救世主として次の未来を導く。その男子は生まれたときに指が六本あった。

鬼の力である〝六〟の数字をもつことの証《あかし》を持って生まれてきたのである。その六本目の指には骨がなく軟骨でつながっていたので、生後まもなく切除できた。

もう一人の子供はその子の姉で〝四の力〟を持つ。四の数字は吉祥天の数字である。その女の子はメシアとして、救世主である弟と協力して人々を未来に導くこととなる。

救世主である鬼の力である〝六〟とメシアである吉祥天の数字〝四〟が合わさると〝十〟で、〝十〟＝〝一〟となり神の力を得る。

第六条件．八王子、八福神の力に八大龍王の力が加わり未来の力となる

八王子は八人の王子といわれるが、その中に二人女性がいたという。そうすると八福神には、女性の仏の弁財天と吉祥天の二人が入っているので、八王子と八福神と合致する。

今の段階では、確信には至っていないが、大師の八十八ヵ所巡りの〝八八〟は八王子と八福神を意味するのかも知れない。

この〝八八〟に、八大龍王の八をもう一つ加えて〝八八八〟にして、八王子、八福神、八大龍王の謎を解いて、三つ力を重ね合わせることができれば、光の民の力で良い時空の流れを作り出すことができる。

第七条件．仏が無理にこの世に降りてくると等価交換が待っている

仏が無理にこの世に降りて来て居座ると、等価交換が待っているという。

本来は、仏は人として生まれて人間の限りある一生を全うしてから仏の世界に戻るというのが等価交換なのだという。

要するに光の民のルールを破って、この物質世界に反物質体として降りて来ることは、様々な意味で非常に危険なことなのだという。

しかし、光の民のルールを破ってこの物質世界に反物質体として降りて来た場合、仏の等価交換が

働いて、一度、人として生まれて人生を全うしないと神の世界には戻れない。

通常、人は十一回生まれ変わって、十二回目の生まれ変わりはない。十一回目の次は、上の次元に行くか下の次元に下るかのどちらかだからである。

しかし、中にはごく希に十二回、十三回生まれ変わる人がいるという。そのような人は、天の世界あるいは仏の世界で明確な使命が与えられて、人としてもう一回生まれてくる人だと言う。

ただ、その人が生まれてきても記憶が消されてくるので自分では分からないのである。ただし、そのような人は、自分の考えや人に対しての態度に揺るぎがない。仏の心というものには〝ぶれ〟がないのである。何を言われても、自分を見失わない心こそが仏の御魂だという。

何度も多く生まれ変わって使命を果たしている人たちは、自分の考えに揺るぎがなく、自分を見失わない人たちだという。

第八条件．創造主の中のアヌンナキ

光明は、創造主の中に〝アヌンナキ[注一]〟という存在がいて、その存在が近くに来ているという。

今年は、北の聖地の近くの麦畑に光の民が降り立つかも知れない。

これはほんの序章かも知れない。シュメール文明では、宇宙から来た存在が人を創造したという。

注一）シュメール文明の伝説によると、シュメールの土地に降り立った宇宙人の中でも、科学者の集団を〝アヌンナキ〟という。

この〝アヌンナキ〟は自らの遺伝子を人に注入して新しい人類を創造したといわれている。

これらはトカゲのような顔つきの石像で表現されている。

光明が受けたメッセージによると、〝アヌンナキの長〟の名は『ヘコノペップノ』といって、麦畑に現れる光の民の飛行体の一つは、『ヘコノペップノ』の戦艦であるという。それは、以前にも、光明に通信をくれた存在であり、平将門公にも接触した存在であると光明の頭にメッセージが流れてきた。

日本に現れる〝アヌンナキ〟は、人と〝アヌンナキ〟とのハイブリッドであり、イエス・キリストもその一人であるという。

第九条件．アヌンナキの王『ヘコノペップノ』

光明に次の通信があった。

四角い太陽の様なＵＦＯが撮影されるときがある。この四角いＵＦＯには、〝アヌンナキ〟の『ヘコノペップノ』の王が乗っているという。その王が人間の遺伝子の組み換えに関わったという。『ヘコノペップノ』がこの地球に降りて来たあの四角いＵＦＯこそが、なんとモアイ像の頭に乗っている〝ミローコンピューター〟なのだという。

それは飛行体であり、そのものが移動できるコンピューターでもある。ミローコンピューターは、三六コンピューターとも書ける、龍神の時空を超越できる力を利用した高次元の光の民の完成されたコンピューターである。

今、この時期に、それが姿を現したということは、全ての人の頭の上にミローコンピューターが乗せられて、光の民の裁きを待っていることを意味するという。

四角い太陽のようなＵＦＯが、太陽にかぶさって見せたのは、我々に馬鹿羅《ばから》で解けということである。

二〇二二年から次元上昇の動きが始まる。既に光の民の準備は開始されており、二〇二六年の夏頃にはほぼ終了する予定のようだ。

その後も、小規模な次元上昇の機会は何度か訪れるという。

光明によると、〝アヌンナキ〟の通信を受けた日に、『ヘコノペップノ』の四角いＵＦＯが目の前に降りて来たという。

午前二時位に、夜空を見ると、最初、月があって、その隣に、月を監視するような星があったので、その星をじっと見ていた。

普段は、光明が感じた星を見ると、その星はかなり激しく動く。しかし、なぜかその星は全然動かなかった。しかし、その星が徐々に形を変えて、四角い形になった。「あれ？」と思った瞬間、右側の家の外壁にバン！と、その四角い光が映って消えた。以前、文教寺の真上に、オレンジ色のお城のような形の大きなＵＦＯが現れた時のように出てきた。

上空の四角い形の光が一瞬で家の壁に移動してきたようであった。色は、パーッと明るい色で現れて、消えて行く時には虹色になった。それが三回位あった。

現れたのが、飛行体であり、そのものが移動できるミローコンピューターであり、超古代文明ムーの完成された技術であるという。

目の前に現れた時、「ビビビビビビビ」という機械的な音がした。それは音なのか宇宙語なのかは定かではない。〝アヌンナキ〟の言葉を現代語に合わせると、古代の日本人の言葉になるという。

そして、超古代文明ムーと〝アヌンナキ〟はつながりがあるという。

アヌンナキは、龍であり鬼であった。

光明が受けた通信によると、〝アヌンナキ〟は日本人を創造したという。

〝アヌンナキ〟という光の民の遺伝子の一部を日本人に組み込んだというのである。

第十条件．〝始まりの地〟の二つの天神様

光明は、過去の始まりの出来事を考えていた。

光明が若い頃、札幌市東茨戸にある施設のトレーニングセンターでトレーニングをして休んでいたとき、光の玉が胸元に飛んでいて、その中の虚空蔵菩薩からお告げを受けた。虚空蔵菩薩は光明に、この地区が〝始まりの地〟であると伝えた。

その後、大師からコスプレスタジオをこの地に建てるように指示があり、私は、この地区に、体験型アトラクション施設としてコスプレスタジオ〝ノア〟を建てた。大師から、聖地ツアーの初日の朝、この施設でツアーの説明を行うように指示されている。その理由は、この地区は〝始まりの地〟であり、〝人の見極めの地〟でもあり、ツアー客を見極めるという。

我々は、この東茨戸のこの地区が、なぜ、〝始まりの地〟であるのか考えてきた。その理由が最近、

分かったのである。

コスプレスタジオから、道沿いに西側一五〇メートル程の場所に、ひっそりと天神様が祀られている小さな天満宮があるのが分かった。しかし、その頃は、なぜ、この地に天満宮があるのかが分からなかった。

時が経ち、全国の神社などの調査が進み、プロジェクトが進行するにつれて、菅原道真公・天神様がこの大師の壮大な光の民の計画に大きく関わっていることが明らかになった。

東茨戸のコスプレスタジオの裏に大きな駐車場がある。その場所に樹齢数百年の太い木がある。光明が受けた通信では、この木は御神木であり、この木にしめ縄を巻いて、その御神木の前に天神様を祀りなさいというメッセージを受けた。

そうすることで、この〝始まりの地〟に、鏡あわせで二つの天神様ができることになり、近くにある天満宮から続く〝天神様の細道〟と〝始まりの門〟がその〝始まりの地〟であるこのコスプレスタジオの地にできあがったのである。

第十一条件．〝虎狐十斗乃歩《ここととのふ》〟の馬鹿羅《ばから》

一二三《ひふみ》は、〝田比歩《ひふみ》〟と書いて〝虎狐十斗乃歩《ここととのふ》〟となる。この虎狐十斗乃歩《ここととのふ》〟を馬鹿羅《ばから》で解くと、

〝虎と狐が一つになり、南十字と北斗七星が一つとなり、その結果、人々が歩み出す〟となる。

今まで、三種の神器の勾玉《まがたま》や天から逃げてきた魔物の退治、上杉謙信と武田信玄の真実の歴史など、

様々なヒントを与えられていた諏訪湖に関して、馬鹿羅《ばから》で解くとある秘密が隠されていることがわかったのである。

　諏訪湖に白狐の伝説がある。その伝説の白狐が祀られている神社の名前を弁財天神社という。この白狐の正体は弁財天であることを示す。

〝虎狐十斗乃歩《ここととのふ》〟の馬鹿羅《ばから》の〝虎と狐が一つになり、南十字と北斗七星が一つとなる〟の虎は、虎に乗って来る天神様と帝釈天を意味し〝鬼〟を表す。弁財天は白狐であり龍族の姫であり〝龍〟を表す。これは、鬼族と龍族が交わる時を意味する。

　そして〝虎狐十斗乃歩《ここととのふ》〟の〝十〟は、南半球だけで見える南十字星の十字を表し北辰信仰の十字も表す。

　つまり北辰信仰の十字架である南十字星の〝十〟を北斗七星に足すことによって、北と南が一つになるという意味である。

　北斗の〝斗〟の字は〝杓《しゃく》〟という意味で、この〝杓《しゃく》〟は北斗七星を表すという。そして、北斗七星は〝龍〟を表し、南十字は〝鬼〟を表す。それが一つになる時に人々が歩み出すのである。

　天神様も虎に乗っている。天神様の式神である風神と雷神は鬼である。帝釈天も虎に乗っているので、帝釈天と天神様は、存在は別であるが連動しているという。

第十二条件．大師が祀ってある祠の横に稲荷社がある理由

大師が祀ってある祠の横には稲荷社がある。その理由が、光の民から伝えられ、〝真実の歴史〟の中で明らかになった。

大師が祀ってある祠の横の稲荷社の白狐は弁財天であり、大師と弁財天はいつも隣り合わせにある。

最初、帝釈天《たいしゃくてん》の御魂が大師に宿って、大師は光の民との通信を行うようになった。大師は、人として生まれた弁財天と夫婦として千手大社を背負って全国の聖地を廻る旅をしたのである。

大師は、自分が祀られている横に、奥さんの御魂を稲荷社の白狐として残したという意味もある。

毘沙門天《びしゃもんてん》は、天部の意向に反する七福神のリーダーとして責任を取らされ剣を捨てる時に、罰としてこの世から消えて琵琶になったという。その琵琶が弁財天の持っている琵琶なのである。

今後、次元上昇が起こる時、その琵琶は弥勒菩薩に渡されるという。

二〇一九年十二月、我々が広島県にある天ノ《あまの》岩座《いわくら》で神事を行った後、岩座を撮影している時に不思議な映像が撮れた。その中で、弁財天が持つ琵琶の〝ジャラーン〟という音が動画に入っていた。その動画はＳＮＳでも紹介している。

天ノ《あまの》岩座《いわくら》には、十二の神を祀る岩があるが、その中に弁財天を祀る岩もある。

その当時、光明には、弁財天からのメッセージはほとんどなかったので、我々は、動画に弁財天の琵琶の音が入った意味が分からなかった。

その後、光明には、弁財天からのメッセージが入るようになっていった。

弁財天は、光明が宇宙とつながる封印が解かれた五十歳の頃から見守ってくれていたことが分かっ

た。

第十三条件．北の聖地の二つの施設が完成すると帝釈天《たいしゃくてん》と弁財天の御魂が一つとなり〝虎狐十斗乃歩《こことどのふ》〟

北の聖地には、二〇二一年五月に黒い外壁の北辰北斗七星方堂《かくどう》が建ち、二〇二一年秋に白い外壁のハウススタジオである北辰南十字星白堂《びゃくどう》が完成した。

黒い外壁の北辰北斗七星方堂《かくどう》と白い外壁の北辰南十字星白堂《びゃくどう》は土地を挟んで向かい合わせに建っているが、この二つの建物は、それぞれ黒龍と白龍を示し、二つの建物の間の広間は次の新しい次元に通じる門になっているという。

多くの仏は、北辰南十字星白堂《びゃくどう》を通って北側の北辰北斗七星方堂《かくどう》に抜けていくという。ここは神仏の通り道になっている。

光明に入った通信では、二〇二一年秋に、この二つの施設が北の聖地に完成した時、全ての神仏の居場所が定まり全体の準備が整ったという。

つまり北の聖地での建物が虎狐十斗乃歩《こことどのふ》ことになると、ようやく帝釈天《たいしゃくてん》の御魂と弁財天の御魂は、この北の聖地で一つになる。つまり、天空の南十字星の帝釈天《たいしゃくてん》と北極星の弁財天が一つになり、虎《こ》狐十斗乃歩《ことどのふ》ことになる。

第十四条件．光《ひかり》弥勒《みろく》如来《にょらい》明《めい》

光明の文字が、〝光〟と〝明〟の二つに分かれて、弥勒如来の前に〝光〟、後に〝明〟がついて、〝光弥勒如来明〟になる。

この〝光弥勒如来明〟という如来がこの世を未来に導く如来になるという。

〝光弥勒如来明〟は、大日如来と弥勒如来の力が合体した仏のイメージである。〝光〟とは光の民の〝光〟であり、〝明〟とは人々のことを示す。

光の民のもと、弥勒菩薩が人々を導き、光のもとに導く如来を〝光弥勒如来明〟という。

第十五条件．崇道天皇の〝道〟と崇徳天皇の〝徳〟を抜いて合わせると〝道徳〟

崇道天皇の〝崇〟と崇徳天皇の〝崇〟を抜いて、〝道〟と〝徳〟を合わせると〝道徳〟になる。

例えば、崇道天皇の〝崇〟と崇徳天皇の〝崇〟を抜いて合わせると、〝崇崇《すす》〟であり、積み重なった人の心の〝崇崇《すす》〟＝煤《すす》という汚れを払うのが〝道徳〟なのである。つまり、道徳が魂の煤《すす》を払うのである。煤《すす》とは、人の穢《けが》れのようなものである。

要は、〝道徳〟はそれだけ大切だということを表す。しかし、残念なことに、最近は〝道徳〟という言葉自体が消えかかっている。

究極の馬鹿羅《ばから》というものは、文字を考えて頓智《とんち》で当てはめて意味を考えていく。

大師は「頓智《とんち》で当てはめることによって、人の心に向上心、明るい心が芽生えた時、それと同時に周りの環境も明るく変わっていく。頓智《とんち》を使って誰もが最悪のことを言う人などいない。詩に書く時は、常に前向きな考えになる」と言う。

人は、進んで前向きな考えを心に強く持つことによって、明るい未来を目指して歩もうとするので、周りの環境も明るくなる。それが馬鹿羅《ばから》の本当の狙いであるという。

大師は「人、それぞれの明るい未来を描くことが極意なのだ」という。

第十六条件．契此天《かいしてん》と吉祥天、毘沙門天《びしゃもんてん》との関係

布袋が天国にいる時は、契此天《かいしてん》の名前であり、みんな仏が仲間であった。

帝釈天《たいしゃくてん》を親分にして、吉祥天、毘沙門天《びしゃもんてん》、弁財天、契此天《かいしてん》がいた。

吉祥天と契此天《かいしてん》は、同級生でいつも近くにいて、契此天《かいしてん》は吉祥天のことが好きだった。

天界にも位があって契此天《かいしてん》と吉祥天は高い位の神の血筋であった。

毘沙門天《びしゃもんてん》は、低い身分であるため吉祥天と一緒になることを許されなかった。

帝釈天《たいしゃくてん》は、自分の力で将軍になった仏である。毘沙門天《びしゃもんてん》は帝釈天《たいしゃくてん》を目指し、自分が帝釈天《たいしゃくてん》のように将軍になれば吉祥天と釣り合いがとれると考えていた。

その契此天《かいしてん》は、吉祥天、毘沙門天《びしゃもんてん》の二人の恋愛を陰で見ていて、吉祥天と毘沙門天《びしゃもんてん》の二人が幸せに

なることを願っていた。

ある時、吉祥天と毘沙門天《びしゃもんてん》の二人が天界でもめごとがあって下界に降りて来る時に一つの器に二人が入った。その時、毘沙門天《びしゃもんてん》は神界のルールを破ったため泡となって消えてしまった。

契此天《かいしてん》が布袋となり吉祥天の前に現れた。それからの吉祥天の気性はどんどん荒くなったのである。

それでも布袋はそれを全部受けとめてあげた。

契此天《かいしてん》は沙加羅龍王《さからりゅうおう》から、一度だけ〝願いを叶える箱〟をもらった。それを開けて、願い事を叶えて毘沙門天《びしゃもんてん》を蘇《よみがえ》らせることはできるが、二人を一緒にして一つの柱に納めるまでの力は働かない。

契此天《かいしてん》は、その〝願いを叶える箱〟を働かすために神と契約をしたのである。

契此天《かいしてん》は、いずれ弥勒になって宇宙の星々の再生の旅をする上位の神であった。しかし、箱の契約で、それを捨ててミロー（三六）星の柱に入って星の御魂となることを約束した。契此天《かいしてん》の契約によって、毘沙門天《びしゃもんてん》が蘇《よみがえ》ることができ、吉祥天と共に北の守り神として一つの柱に収まることになったのである。

第十七条件．釈迦如来が姿を変え帝釈天《たいしゃくてん》となった

鍾馗《しょうき》様から次の様な通信があった。

帝釈天《たいしゃくてん》の〝釈〟は、北斗七星の〝杓《しゃく》〟も表すが、釈迦の〝釈〟も表し、仏の御魂を清めるという。

昔、天部の裁きの時、弁財天が南十字星となり、そして帝釈天《たいしゃくてん》はある星の御魂に変えられた。何

億年の時を経て呪縛が解けてこの世界に戻って来るが、帝釈天《たいしゃくてん》と弁財天は長い年月離れ離れになっていたのである。

七夕というのは、帝釈天《たいしゃくてん》と弁財天が、年に一度だけ会えることができるドラマでもある。

鍾馗《しょうき》様に「帝釈天《たいしゃくてん》とはどのような仏なのですか？」と聞くと、鍾馗《しょうき》様は「天部の戦いの後、愛染《あいぜん》明王《みょうおう》から梵天《ぼんてん》に変わる頃、帝釈天《たいしゃくてん》が天部の戦いで裁きを受ける時に帝釈天《たいしゃくてん》が戦いの神としてこの世に降りた。その時、愛染明王《あいぜんみょうおう》が梵天《ぼんてん》となり、帝釈天《たいしゃくてん》は釈迦如来になった」と伝えた。つまり、釈迦如来が姿を変えたのが帝釈天《たいしゃくてん》である。

そのため、帝釈天《たいしゃくてん》は、〝帝〟の下に釈迦如来の〝釈〟と書いて〝天〟と続き、帝釈天《たいしゃくてん》は仏の道を歩んだという。

〝釈〟は〝錫杖《しゃくじょう》〟の意味も表す。〝釈〟とは、人が神の所に行くため、この三次元という物質世界で体を清めるためのアイテムなのだという。

第十八条件．〝りん〟と錫杖《しゃくじょう》の意味

北辰北斗七星方堂《かくどう》と北辰北極星方堂《かくどう》に〝りん〟が用意された。りんを〝チーン〟と叩くことによって心が清められるという。

神は、〝杓《しゃく》〟を使って水によって物質の体を清めるという。それが〝錫杖《しゃくじょう》〟の謂《い》われである。

〝錫杖《しゃくじょう》〟は、水で体や物質を清め、悪いものや邪を祓う。その錫杖《しゃくじょう》の〝錫《しゃく》〟は、魔を祓い、さまざまな物から物質的なものを祓《はら》うことを意味するのである。

〝りん〟は、御魂を清め、見えない世界のものを鎮める。水で体を清め、邪を祓《はら》うと人になり、〝りん〟つまり〝輪《りん》〟を重ねると神になるという。

第十九条件．梵天《ぼんてん》の仏的な馬鹿羅《ばから》

梵天《ぼんてん》、帝釈天《たいしゃくてん》、釈迦如来は、元はこの世で人であった。人から釈迦になり、釈迦から帝釈天《たいしゃくてん》になったという。

一方、梵天《ぼんてん》は宇宙の力である〝輪《りん》〟という見えない力を通して人になっている。梵天《ぼんてん》は、この〝輪《りん》〟を外すことによって人になった。

この〝輪《りん》〟を外すとは、凡人の〝凡〟の上に〝林《りん》〟を書くと梵天の〝梵《ぼん》〟の字になる。〝梵〟から〝林《りん》〟をとっても〝凡〟になり、凡という字は変わらないが、梵天の天の力を手に入れるためには、〝林《りん》〟を凡の上に乗せて梵天の〝梵〟としなければならない。それは、梵天の〝梵〟から〝林《りん》〟をとると、平凡の〝凡〟となり、平凡な人となるからである。

鍾馗様は「人間は座禅を組むだろう。背中を打った時に、気持ちが凛《りん》となるだろう。あれは〝りん〟の〝チーン〟という音を意味している。だから喝！と言って、パンパンパンと叩くのは、体が共鳴して振動する〝りん〟であるからだ」と言う。

これらの全ての繋がりが、馬鹿羅《ばから》で説明されるのである。

今回の鍾馗様からのメッセージは、馬鹿羅《ばから》によって神仏の関係やつながりを表しているが、元々、神仏の名前は誰かが適当に漢字を組み合わせて作ったものではなく、神仏の意志が働いて神仏の名前が決定されていたことが分かる。つまり、神仏の名前は、神仏の関係や内容を示す暗号になっていると言えるのである。

第二十条件．物質の神である帝釈天《たいしゃくてん》と反物質の神である梵天《ぼんてん》が一つとなって『梵釈天《ぼんしゃくあま》』となる

光の民が伝える話は、異なる次元や時空を考えないと理解できない。

光の民によると、例えば、インドで釈迦が誕生した話や聖書の話は、人が作った話であり事実ではないという。釈迦の話は、天から受けた啓示が、次元を超える複雑な内容であるため、人々が理解しやすいように物語にしたという。

一方聖書の中に出てくる話は、当時の権力者たちが自分たちの権力に利用するため、都合の良い内容に書き改めたという。

本物の天の裁きは、時空を超えて、宇宙を超えた空間の中にあるため、人が理解できるように内容を作り変えて伝えているというのである。

そのため、釈迦の世界や曼陀羅《まんだら》の世界というものも、宇宙的に見ればそういうものはないという。

ただし、それと似たようなものはあるが、全く違う次元の世界の話だという。

光の民は、神仏の形をとり、我々にいろいろなことを伝えてくる。その存在は物理的な肉体を持たないエネルギー体である。その一つのエネルギー体はいくつかのエネルギー体に分かれることができ、その一つが御魂として人の肉体に宿ることがある。

そのエネルギー体の御魂が人に宿ると〝化身〟となり、その大元《おおもと》であるエネルギー体は高次元の〝天〟に存在し、神仏の御魂は天とこの世界の二つに分かれるという。

つまり、我々が光の民と呼ぶエネルギー体は、その都度、必要であれば、この世界の地上に存在する〝化身〟と〝天〟を交互に入れ変わることができるという。

例えば、帝釈天《たいしゃくてん》が裏表一体であるというのは、物質の神と反物質の神が背中合わせになっていて何時もつながっているという。

今、訪れようとしている、この世の大きな変化の時期である〝ターニングポイント〟では、正に、帝釈天《たいしゃくてん》と梵天が一つになることが必要な時期であり、今、二つのエネルギー体が一つとなり、宇宙の創造主、梵釈天《ぼんしゃくあま》となったのである。

第二十一条件．新たな光の民の出現、宇宙の創造主〝ブラフマー（梵天《ぼんてん》）〟

二〇二二年十月頃のこと、光明が寝ている時、新しい光の民『ブラフマー』が出てきてメッセージを伝えてきた。

身体全体が薄くて光るヒラヒラした布のようなものに包まれて空中に浮かんでいた。身体全体を包み込むヒラヒラした部分は、内側から外に向けて薄い青から徐々に紺色になり外側が黒になり、一番外側は強く光り輝いていた。一番外側のヒラヒラの周りから光の触角みたいなものが多数出ていた。手足はヒラヒラで見えなかった。

顔は白く富士額で目が真っ黒であった。鼻は高くはなく鼻に穴があった。口は普通の人間の口の様であった。耳はあるかもしれないが見えなかった。

鍾馗《しょうき》様も人気ヒーローの様な顔であったが、今回の新しい光の民『ブラフマー』の顔も人気ヒーローの様な顔であった。

全体の色は薄いブルー。見た感じは全体的に天女のようにも見える。

髪はなく、頭の部分が光ってヒラヒラしていた。

光の民は、次元を超えMR世界を通ってこの三次元に来る時には、頭巾のようなものを被ってくる。頭巾のようなものは宇宙服の様な役割をするようだ。

大きさは一メートル位で二体が宙に浮いていた。

一体は窓の所をウロウロしていて、もう一体はこっちの方を見て浮いていた。最初、ミシミシミシと小さい足音がしていたが、バキバキバキとかバシバシと歩くような音がした。何か変な音がしたので、「あれ?何だろう」と思って目を開けると、その存在がヒュヒュヒュと水の中で泳いでいる様に浮かんでいた。全体的にイルカが進化したような感じにも思えた。

ちょうど目を開ける前、菅原道真公が昔の言葉で、色々と人間関係のことで忠告を伝えていた。その時に目覚めたら目の前に、光明に被さるように浮いていて、何か念を送っているようであった。

その存在は、大師でもない、鍾馗《しょうき》様でもない、虚空像菩薩《こくうぞうぼさつ》でもない、天神様でもない、薬師如来でもない。光明が、以前、何度が目撃したプレアデスの光の民と全く異なっていた。

　光明は、その目の前の光の民は、七次元の最高神である創造主だと感じた。

　大師と沙加羅龍王《さからりゅうおう》、龍王、龍神はこれらの光の民とは別な存在であり、光の民は空間を移動する存在であって、大師とか釈迦如来など、元々人であった人達は、龍神との接触があって、龍神の次元を超える力の恩恵によって光の民に接触することができたのである。

宇宙の創造主〝ブラフマー（梵天）〟

　つまり、龍との接触がないと七次元の光の民には会えないのである。

　七次元の最高神、創造主は、大師以外の鍾馗様、虚空像菩薩《こくうぞうぼさつ》、薬師如来、菅原道真公などの存在の根源であり、この光の存在から、それぞれの役割に応じた神仏に分かれて、この三次元世界に現れてくるという。

第二十二条件．宇宙の創造主『ブラフマー』は『梵天《ぼんてん》』

先日、光明の前に現れた、顔が白く富士額の新しく姿を現した宇宙の創造神〝ブラフマー〟から通信があった。

ブラフマーは「私は〝梵天《ぼんてん》〟だよ。菅原道真公の道徳を説くために出てきた」と言う。要は、その都度、出てくる神仏を使い分けるのだという。

この世に出る時に一番適しているのは教育・道徳の神なのだという。

ブラフマーは「星を動かして見せたじゃないか。だから私の話をきちんと聴きなさい。私は星も簡単に動かせる宇宙最高神。星を動かす奇跡を起こした。多くの人がそれを見ただろ。それは等価交換なのだ。動かしたのはただではない。人を導くために、言われた戒めを実行しなさい。それが施設を守り自分たちを守ることにつながる。今、このプロジェクトが注目される時が来た。多くの人が、星が動く奇跡を見た。それを見た人が多くの人にそれを伝えていく。奇跡は本当にあることを色んなところに掛け合ってくれる。だからあなた方もその戒めの通りにきちんとやらないと、駄目になる方向に向かってしまう。信じる人を疑うことは、凄く嫌な気持ちになるが、それは神事を守るために仕方がない。これから大きなお金が動くことになり、多くの人が接触してくる。しかし、その半分以上は詐欺だ。これから映画、イベントなどを一緒にやろうという話が来るが、相手は、最初から、今まで損した分を取り戻そうという気持ちで来るので気をつけなさい。そのような交渉の時には必ず証拠を残しなさい。証拠に勝るものはない」と伝えてきた。

第一に、世界的なスポーツの祭典が思ったようにうまくいかない。それに投資している人たちが邪に変わるという。損失を取り戻すために、あの手この手で、無いものをお金に換えようと、真面目な人を利用して損失を取り戻そうとする。つまり、世界的なスポーツの祭典詐欺をやろうとしているという。それは普通の詐欺ではない。これからの詐欺の手口は、今までとは異なるという。

まず、相手の信頼を得るため、例えば、真面目な人を利用して、その人を交渉人にする。「この人は真面目だから」という人を、まず騙して交渉人にする。次にその交渉相手も騙す。つまり二重に騙す高等な詐欺行為である。

気づいて、その真面目な交渉人を追求したら、その人は自殺に追い込まれると、新しい光の民であるブラフマーは、こう言って飛び回っていた。

その時、何か「ぽちゃぽちゃ」と水の音がする。あれ水漏れしているのかなと思ったが、新しい光の民が飛んでいる時の音が水の音であった。

鍾馗《しょうき》様も人気ヒーローの顔であったが、最近、光明の前に現れた布袋の顔も人気ヒーローみたいな顔だったという。

第二十三条件．未来、弥勒如来はミロー（三六）星の御魂となる

未来において弥勒菩薩は弥勒如来になる。如来になる仏には、さまざまな権限が与えられるという。

天の恩赦により、帝釈天《たいしゃくてん》が解放され、この世に帰って来る。そして弥勒如来自らの等価

交換により、毘沙門天《びしゃもんてん》の身分を吉祥天と同じ身分にして同じ柱に入れることで、この世のバランスが保たれるようになるという。

弥勒如来は、その等価交換として五十六億七千万年の間、ミロー（三六）星の御魂として存在しなければならない。その間はもう仲間の仏とは会えなくなる。

契此天《かいしてん》、つまり弥勒菩薩は自分を犠牲にしてみんなを救った仏であり、一番頼りなかった契此天《かいしてん》は、弥勒菩薩から最後に本当の如来になるのである。

第二十四条件．〝錫杖《しゃくじょう》〟が帝釈天《たいしゃくてん》の力、〝輪《りん》〟は梵天《ぼんてん》の力

二〇二一年六月頃から、梵天《ぼんてん》が帝釈天《たいしゃくてん》と一体となった梵釈天《ぼんしゃくあま》として光明に通信を送り始めた。

今、我々のドラゴンプロジェクトが進んできて、光の民から内容が濃い通信が始まっている。天神様は元々鬼であったが、鬼を捨てて天神様になった。赤鬼の姿を捨て白い体の仏になったのが梵天《ぼんてん》である。鬼の魂はもう必要がないのである。

梵天《ぼんてん》と帝釈天《たいしゃくてん》の関係は、神の〝錫杖《しゃくじょう》〟が帝釈天《たいしゃくてん》の力で、仏の〝輪《りん》〟は梵天《ぼんてん》の力だという。

神社で、〝杓《しゃく》〟で手を洗うのは体を清めることであり、〝杓《しゃく》〟は〝錫杖《しゃくじょう》〟も意味し、物を清める力、邪を祓う力でもある。

座禅を組んで〝りん〟を打ってパシッと打たれるのは心を清めるためである。その二つが一緒になって、心も体も清めるのが梵釈天《ぼんしゃくあま》の意味だと言う。

第二十五条件．天界から現世に逃げた三匹の魔物

天界でのこと、弁財天が〝三種の神器〟を持って護衛と旅に出ている時、弁財天は三匹の魔物に襲われた。この三匹の魔物は、天界でも札付きの恐ろしい魔物たちであった。

そこに帝釈天《たいしゃくてん》が雷鳴と共に現れ、三匹の魔物を蹴散らせた。三匹の魔物はその場から消えたが、その三匹の魔物は〝三種の神器〟を奪って、天界からこの世に逃げたのである。

帝釈天《たいしゃくてん》の御魂を受け継いだ大師は、一匹目の魔物は火山であった摩利支天山で倒した。二匹目の魔物である「八岐大蛇《やまたのおろち》」は、毘沙門天《びしゃもんてん》の命を受けた上杉謙信と武田信玄が協力して草薙剱《くさなぎのつるぎ》と勾玉《まがたま》の力を用いて諏訪湖で倒した。

しかし三匹目の魔物は、頭が良く狡猾な存在で、魔物の親玉的な存在であった。大師が、十和田湖での壮絶な戦いの後、三匹目のこの魔物を退治したが、完全に退治することはできなかった。そのため、残った魔物の一部分は、多くの邪に分散して世に飛び散った。この飛び散った多くの邪は人々に入り込んで、今もこの三次元世界に潜んでいるのである。

この世の邪は、人の力では決して取り去ることはできない。この世の邪を完全に封じ込めるには、この世を守っている多くの神仏の力が必要である。そのために、千手大社《せんじゅたいしゃ》を背負い全国の聖地や神社を廻って、その聖地を守る仏の御魂を千手大社の仏像の中に一つ一つ入れて完成しなければならないのである。

第二十六条件．十人の羅刹女《らせつめ》と吉祥天

釈迦如来が涅槃《ねはん》に入り、周りにいた弟子たちと十人の羅刹女《らせつめ》が最後を看取っていた。釈迦如来が地球の御魂になる時、十人の羅刹女《らせつめ》は地球の世の中のありかたを決める相談を行い、その内容をまだ意識のある釈迦如来に告げた。その言葉を告げたのが羅刹女《らせつめ》である。

本当は、十人の羅刹女《らせつめ》の全ての〝十の言葉〟を釈迦如来に聞いてもらうべきだったが、羅刹女《らせつめ》の意見が、あまりにも自分中心の身勝手な世の中のあり方を述べていたので、八番目の羅刹女《らせつめ》はそれを聞いてその場所から離れた。

残った九人の羅刹女《らせつめ》は、釈迦如来に不完全な〝九の言葉〟を告げた。そして、そこから離れた八番目の羅刹女《らせつめ》は賽《さい》の河原へと逃げてその身を置くことになった。その時、八番目の羅刹女《らせつめ》を連れて、その場所から賽《さい》の河原に連れて降りたのが布袋（契此天《かいしてん》）であった。実はこの八番目の羅刹女《らせつめ》が吉祥天であったのだ。

吉祥天は、その頃の出来事の記憶はほとんど残っていなかったが、間違っている場所からある場所に移された気がした。こうして十字架を背負うことになった吉祥天は、北辰信仰の元、次に事が起こる時代まで、自らその出来事を封印したのである。

人々のために世に帰るため、その時が来て一人だけ離れた羅刹女《らせつめ》が、十人の羅刹女《らせつめ》として一つになった時、月読尊《つくよみのみこと》が蘇《よみがえ》り、虚空蔵菩薩へと変わるのである。そして、宇宙あまねくすべてのものに

手を差し伸べる本当の世の中になるという。

人が最高の力を発揮することが〝九〟と言う数字に現れたのは、九人の羅刹女《らせつめ》の不完全な意見で世の中をとり決めたことにより、人の力の限界が〝九〟という数字になったからだという。

人の完全体の本当の力は〝十〟なのだという。

第二十七条件．天上界の三つの派閥、如来の派閥、明王（鬼）の派閥、龍神の派閥

弥勒菩薩と大師は、未来のために協力して一緒に同じ考えで進んだという。それは八十八か所巡りの〝八八〟の数字に値するものだという。

弥勒菩薩が光明に、神仏の仕組みについて語り出した。

天上界には、如来の派閥、明王（鬼）の派閥、菩薩の派閥の三つの派閥がある。これらの三つの派閥の神仏は、常に、宇宙の創造、破壊、再生の三つのいずれかの仕事にたずさわることになる。

天の上位に位置する如来の派閥は、〝妙子《しゅくし》〟といい、その派閥には三つあるという。

菩薩や明王が、厳しい一三《いさ》の修行を二回終えると如来になり、妙子《しゅくし》になるという。妙子《しゅくし》は、神仏の世界では豪族といわれ、生まれた子供たち、つまりその子孫は自動的に妙子《しゅくし》になる。

神仏の世界では、身分の位が大きく三つに分かれていて、如来が〝妙子《しゅくし》〟であり、次に、愛染明王などの明王（鬼）が左大臣にあたり〝鬼子《きし》〟という。三番目が、菩薩で右大臣にあたり〝龍子《たつし》〟という。虚空像菩薩《こくうぞうぼさつ》、観音菩薩、千手観音菩薩などの菩薩は龍子《たつし》である。

これらの神仏がローテーションして宇宙の創造が行われる。如来の妙子《しゅくし》が創造を担当し、次に破壊を行うのが明王（鬼）である鬼子《きし》である。最後に再生を行うのが菩薩である龍子《たつし》である。

如来の妙子《しゅくし》には、二種類あり、創造の旅に出て宇宙の創造を行う場合と星の御魂になる場合があるという。

しかし、例外があって、如来の妙子《しゅくし》でなくても、如来の役割を行う場合があるという。それが帝《たい》釈天《しゃくてん》であった。

帝釈天《たいしゃくてん》は、自ら一三《いさ》の修行に出て、厳しい二回の一三《いさ》の修行を繰り返したことで、自分の魂を三つに割ることができるようになった。その三つの御魂とは、自分である帝釈天《たいしゃくてん》と裏である梵天、もう一つは星の力になった釈迦如来であった。

一時期、帝釈天《たいしゃくてん》は〝釈《しゃく》〟の字を奪われた時があった。その時は、帝釈天《たいしゃくてん》は〝大帝天《だいていてん》〟と呼ばれたという。

帝釈天《たいしゃくてん》という〝釈《しゃく》〟の力を任されたことは、北斗七星の神を意味するという。帝釈天《たいしゃくてん》の奥さんである弁財天の御魂は南極星に飛ばされてしまった。それで、こちら側に残ったもう一つの弁財天の御魂が瀬織津姫《せおりつひめ》なのだという。

天の上に立つ弥勒菩薩は、釈迦如来が戻って来た時には、宇宙創造の旅の頂点に立つことが決まっていたという。

阿修羅王は、天部の戦いで光の民に負け、和解した後、一三《いさ》の修行によって沙加羅龍王《さからりゅうおう》と千手観音の二つの地位を手に入れて、龍子《たつし》という右大臣に相当する力を持ったのである。

天の世界では、子供たちは身分の上下にかかわらず、同じ学校に入れられるという。吉祥天と契此《かいし》天《てん》は同じクラスであった。その時に契此天《かいしてん》は、坊ちゃんと周りからいじめられても一切口を出さなかった。

契此天《かいしてん》は、泣きべそだった吉祥天を守っていたという。契此天《かいしてん》は、神仏の世界には身分の差があり、それは天の力の差であるという矛盾点が、天部の戦いの原因の一つになっていることに気がついた。剣を持った戦う仏が契此天《かいしてん》であり、若い頃に北海道の龍神が住む聖地を訪ね歩いて龍神を解放していった。やがて、北海道の丘珠《おかだま》の辺りが天部の戦いの場となり、契此天《かいしてん》は二つの丘珠の剣で戦った。その後、剣を捨てた契此天《かいしてん》は弥勒菩薩となったのである。

そして、弥勒菩薩は、一三《いさ》の修行をすることで最後の力を身につけて神仏の世界を変えようと決意したのである。

弥勒菩薩が天から地上を見ていると、同じ様な苦しみをもつ僧を見つけた。それが弘法大師であった。

そこで天界のルールに反しているが、弥勒菩薩は、大師が旅に出て賽《さい》の河原に辿《たど》り着いた時、我のメッセージを伝えてほしいと虚空像菩薩《こくうぞうぼさつ》に頼んだのである。そして、虚空像菩薩《こくうぞうぼさつ》は、弥勒菩薩と契此天が天界を平等にするという未来に向けた次のメッセージを大師に伝えたのである。

賽《さい》の河原で、虚空像菩薩《こくうぞうぼさつ》は大師に、「其方は一三《いさ》の修行を二回行いなさい。それによって〝八八〟の修行が終わる。それが八十八か所巡りの仏と世の中を是正することにつながる。通常、其方が一三《いさ》の修行を二回行うことで、龍の力を得て菩薩になれるが、其方は人間の体を手放さなければならない。

仏の等価交換により、其方は武蔵御嶽山《むさしみたけやま》に自分の体を即身仏として置き大龍王となり、この世の人々にメッセージを送る使者にならなければならない。今後、それをしがらみとして生きていくことになる。弥勒菩薩が弥勒如来になる際には其方が如来になる道筋を必ずつくる。我々はこの約束を守る」と伝えた。

そして、虚空像菩薩《こくうぞうぼさつ》のもとで取り交わした弥勒菩薩と大師の結約のもと、大師と弥勒菩薩は一緒に未来の世界を築き上げていくことになったのである。

その後、神々の恩赦によって天部の戦いで裁かれた仏を全部元に戻して、北の聖地には吉祥天と毘沙門天の身分の差をなくして一緒に北の柱に収まることになった。吉祥天と毘沙門天が一緒に北の柱に収まることによって、弥勒菩薩は虚弁《ごべん》如来になるという。

帝釈天《たいしゃくてん》は自分の御魂である釈迦如来を地球から引き揚げて、次のミロー（三六）星の世界に明け渡す時に帝釈天《たいしゃくてん》と釈迦如来が一つになる。

大帝天《だいていてん》が一つになって帝釈天《たいしゃくてん》が元に戻り、

二つの丘珠の剣（札幌村郷土記念館所蔵）

さらにもう一つの梵天と一緒になった時に梵釈天《ぼんしゃくあま》となって弥勒菩薩との契約が成立することになる。

弥勒菩薩がほんとうは最高神として宇宙の創造の旅に出るはずだったが、恩赦で引き上げられて元の一つの体に戻ったので、仏の等価交換によって、次のミロー（三六）星の御魂になる定めを背負うことになる。

そして罪に問われていた大師が大龍王から弘海《ぼうかい》菩薩になった時に、次の新しいミロー（三六）の世界の菩薩となり、新しい御魂を引き継ぐ次の如来に代わっていくという。

それが現在であって、平安京は全く作られた神の世界の真似事であったという。そこから人類は神の世界の真似をして世の中を引き継いでいった。

そのため、本来、平等であるはずの神々の世界に格差があったため、下の我々の世界でも同様に格差が生まれる世になったという。

弥勒菩薩（契此天《かいしてん》）、弘法大師、帝釈天《たいしゃくてん》は、身分の格差があった神仏の世界とこの世を、本来の平等な世界に戻すことを計画して実行しているのである。

第二十八条件．仏の一三《いさ》の修行

光明に仏の一三《いさ》の修行について詳しい通信があった。

この世での修行は百年以内で終わるが、仏の一三《いさ》の修行は、二段階の修行があり、それぞれの修行は十三の修行からなる。十三の修行を二回行うので合計二十六の修行がある。

最初の一三《いさ》の修行が終わると、自分が納まる場所が選べるようになる。要は宇宙の創造、破壊、再生の中から自分の居場所が選べることになる。

さらにその上を目指すために、次の一三《いさ》の修行がある。

この二段階目の一三《いさ》の修行を終えると、その仏の家系を確立させることができるという。つまり、二段階目の一三《いさ》の修行を終えることで、自分の子孫が最高位の神の家系として確立されるようになる。

つまり、仏の世界もどれだけ修行を積んだかで、自分の家系の位が定まることを意味し、それに伴って使命や資格も変わってくる。

最高神になった仏は、一三《いさ》の修行をして得られた位が、その子孫にも続くという。

二段階目の一三《いさ》の修行を目指す仏は、その宇宙全てを変えることができる権限と力が与えられる。要するに、根本からひっくり返してゼロから書き換えることができるという。

弥勒家は天の豪族であるから、弥勒菩薩は如来の地位に就けるし、星の創造の一番トップの地位に就ける家系である。

大師は、世の矛盾を感じ、人々の平等と未来の世の中を正すために旅をした。それを天上から見ていた弥勒菩薩は、同じ考えを持っていたので、大師に虚空像菩薩《こくうぞうぼさつ》を弥勒菩薩の使者として送り出した。

大師に伝えた弥勒菩薩のメッセージは、一三《いさ》の修行をしながら旅をしなさい。いずれも厳しい二段階目の一三《いさ》の修行をしなければならない。それが成功することによって、未来が平等な未来に変わることができるというものであり、大師の死後は、肉体は即身仏として武蔵御《むさしみ》嶽山《たけやま》に隠しなさい。それで大龍王の力を得て〝八〟の数字を手に入れると、死後も多くの人々にメッセージを送ることができ、人々を守ることができるという。

弥勒菩薩も同様に、二段階の一《い》三《さ》の修行をして〝八〟の数字を手に入れて最高神の力を持たなければならない。そうすることで、この三次元世界のアプローチと、仏の世界のアプローチの八の数字を合わせることで〝八八〟という数字ができあがるという。

八十八か所巡りは厳しい修行である。それは世の中を安定した道に導く旅でもある。

仏は厳しい一《い》三《さ》の修行を二回することによって、全てのものを根底から創造し直すことができる。

この我々の世界で八の数字を二つ並べた時、大師が未来を変えることができるという。この〝八八〟という数字の意味は、先の未来は想像もつかないような未来になるという。

第二十九条件．弥勒如来はミロー（三六）星の御魂になり、その時〝梵《ぼん》釈《しゃく》天《あま》〟が大日如来に代わる如来となる

帝《たい》釈《しゃく》天《てん》が、梵天、釈迦如来と一体となった時に梵《ぼん》釈《しゃく》天《あま》になり、今治めている大日如来に代わる如来になる。

本来、弥勒菩薩が大日如来の代わりになるはずだったが、弥勒菩薩は仏の等価交換により地位を剝奪され、新しい世界であるミロー（三六）星の御魂にならなければならない。

その時に大師は修行の旅に出る。大師の修行が終わった時、武《む》蔵《さし》御《み》嶽《たけ》山《やま》に残した即身仏の自分の肉体と自分の御魂が一緒になり、さらに弥勒菩薩と一体になったとき一つの神になる。それが蔵王権現だという。

第三十条件．弥勒菩薩は人から仏の道を歩んだ

弥勒菩薩を数字にすると普通は〝三六〟と書く。しかし、弥勒菩薩は〝三六九〟とも表せる。

これには意味があって、九の数字が持つ意味は、人の最後の力、人がもつ最高の力を表し、明神の数字が九である。つまり、弥勒菩薩は人から仏の道を歩んで明神になったことを示す。

数字の六と九の関係は、6を反転すると9になることから、6と9は鏡面反転の奥義を元にして作られている。

天神様の数字が六であり、六と九の数字を持つ弥勒菩薩は天神様の化身でもあることを示す。天神様は人から天神様になった。菅原道真公も天神様である。

弥勒菩薩の数字である〝三六九〟の九の数字が持つ意味は、人の最高の道を進んで、自分で仏の道を選んだ人を弥勒菩薩の持つ数字の〝九〟で表されるという。

第三十一条件．沙加羅龍王《さからりゅうおう》は北の聖地を守る如来となった

吉祥天と毘沙門天が一緒に北の聖地の〝柱〟に入ることで、この世の三次元が安定するといわれているが、この〝柱〟とは何を表すのだろうか。

これについて、宇宙の創造神〝ブラフマー（梵天）〟から通信があった。

高野山の四書五経《ししょごきょう》の大日堂には、大日如来を中心にして東西南北の柱があるという。大日如来が真ん中にいて、北の柱、南の柱、西の柱、東の柱を守る四体の如来がいるという。その北の柱を守るのが沙加羅龍王《さからりゅうおう》の場所であり、沙加羅龍王《さからりゅうおう》の娘である吉祥天が、父親である沙加羅龍王《さからりゅうおう》に替わってその北の柱に入る。つまり沙加羅龍王《さからりゅうおう》が龍王から如来に変わったことを意味する。

これが意味するところは、沙加羅龍王《さからりゅうおう》は仏の一三《いさ》の旅の修行を終えて、大日如来の北を守る如来である〝不空成就如来《ふくうじょうじゅにょらい》〟になったという。

第三十二条件．沙加羅龍王《さからりゅうおう》が歩んだ仏の一三《いさ》の修行

人は十一回生まれ変わるが、その後、十二回目が安らぎ、極楽の様々な場所に居《おら》れる場合があるという。そこから生まれ変わろうとする人は、一三《いさ》の修行を終えた者だけが使命を持って生まれ変わることができるという。これが十三回目、つまり一三《いさ》の修行の〝一三〟を意味する。

どこかの惑星が危機的状況にあるとき、十二回目の世界にいた仏の中から、ある仏が自ら進んでその惑星に降りてくる。つまり、その仏がその星を救うために、その星の住人として生まれ変わるというサイクルがある。

仏の修行とは、わかりやすい例として、その仏がある宇宙の危機的状況にある惑星などに転生してその惑星の住人として生まれ、人を導き、事を成して、その惑星を危機的状況から救うことがあげら

れる。

そのような行為が神（如来）の世界から仏の修行の成果として認められる。それが仏の一三《いさ》の修行の〝一三《いさ》の力〟でもあるという。

第三十三条件．沙加羅龍王《さからりゅうおう》は千手観音となり、修行により不空成就如来《ふくうじょうじゅにょらい》となった

沙加羅龍王《さからりゅうおう》は昔、阿修羅王であり、天部の戦いの時は、体に様々なテクノロジーをまとった宇宙人であった。

阿修羅王は、天部の戦いで光の民に戦いを挑んだが全く歯が立たなく負けてしまった。その後、光の民から、光の民の側に加わるのであれば一三《いさ》の修行をしなければならない、体に手を沢山増やして、人々を助ける千手観音として生きなさいと言われた。

現在・過去・未来の三神、千手観音、釈迦如来、弥勒菩薩であり、過去が千手観音というのは、始まりが千手観音であったからである。

さらに千手観音は、一三《いさ》の修行を二回行ったことにより、好きな場所に自由に出入りできる力を身につけ、さらに体を二つに割って二つの精神で対応する力を身につけたのである。要するに、これは仏のパワーアップした力を意味する。

一三《いさ》の修行を二回行うと、一三と一三をたして二十六になる。二十六になったら、それを一つにすると、二と六をたして八の数字になる。これでほぼ完成された仏となるが、さらにもう一回の一三《いさ》の

修行を終えると、八の数字が二つになり如来になるという。

沙加羅龍王《さからりゅうおう》は阿修羅王から、一三《いさ》の修行により千手観音となり、さらに三回の一三《いさ》の修行を終えて、大日如来の北を守る不空成就如来《ふくうじょうじゅにょらい》となった。

そして今、北の聖地を守る不空成就如来《ふくうじょうじゅにょらい》の代わりに、吉祥天と毘沙門天が北の柱にはいる交代の時期である。

正に、今がこの世のターニングポイントなのである。

第三十四条件．弥勒菩薩は神仏の世界の複雑な仕組みを変えようとした

仏は人を導き救済するといわれているように、明王の鬼のような表情は人の心を表しているという。天から受け入れられた時には、本来、穏やかな菩薩の表情で受け入れられなければならない。しかし、明王のように鬼の表情のまま仏になっていることは、以前は自分が間違った道を進んでいて、その後、改心して光の民に寄り添って明王になったことを示しているという。

完全に心が清く光の民に寄り添うことができる人間は、数パーセントにも満たないという。その中から、さらに上の如来の世界に行けるのは、仏の中でも数パーセントしかいないという。それは、光の民から、過去から未来に向けての我々に対するメッセージであるという。

神仏の世界は宇宙的なものでもあり、神仏の世界への受け入れはそれだけ厳しいものである。

宇宙人（地球外生命体）が一三《いさ》の修行をして上の次元に上がるには、鬼みたいな顔の明王になって、

顔や手を体に付けた千手観音になるという。それによって心の乱れを正すという。さらに一三《いさ》の修行をすることで、手を取り去って菩薩に変わる。さらに一三《いさ》の修行をすると、菩薩から如来に変わっていくという順序があるという。

弥勒菩薩がこの世に現れた理由は、神仏の世界のしがらみを取り払って難しい仕組みを変革して平等な世界にするためである。

この弥勒菩薩の神仏の世界の変革が成功すると、この世も神仏の世界と連動しているので、現状の格差がある不平等なこの世界は一変するという。

第三十五条件．相撲の行司の軍配は〝正か邪〟を見極める

光の民から相撲の軍配についての通信があった。

相撲の行司は円の反転を表す。鬼の凶暴さを取り除くために相撲ができた。無駄な争いをしない横綱や大関になると、鬼であっても仏の道が保証されるという。

行司の軍配には月と太陽が描かれていて、正か邪か正しいものを見極めるのである。相撲をとることにより神も鬼もしがらみが消え、一体の仏に変わっていくという。

軍配は、始まりから終わりまで烏天狗の杓《しゃく》の力を表す。つまり、軍配は大天狗を表し、初めと終わりは天狗の力を表すという。

大師は、「千手大社《せんじゅたいしゃ》を運びし、真言を唱える者は杓《しゃく》を持ち呪文を成す。後ろにいるもう一人の者は、

相撲の軍配で左右を扇ぐ。この陰と陽の儀式を行うこと。この行を忘れるな」と言う。

第三十六条件．千手大社《せんじゅたいしゃ》を背負いし〝神社での真言の唱え方〟

真言を唱える者は、杓《しゃく》を両手で持って真言を唱える。

その後ろで、軍配で左に三回、次に右に三回、あおる様にゆっくりと扇ぐ。軍配で風を起こすことによって、そこで風神と雷神が表現される。

そうすることにより、門から神仏が現れ、千手大社《せんじゅたいしゃ》に必要な神仏の御魂が千手大社《せんじゅたいしゃ》の中の仏像に入り込むのである。

千手大社《せんじゅたいしゃ》を運び、杓《しゃく》を持って真言を唱えることは、神仏の御魂が千手大社《せんじゅたいしゃ》の仏像の中に入る行なのだという。

第三十七条件．神社の左右にある獅子と金剛力士

神社の左右に獅子が置いてあるが、口が開いた方の獅子が、阿吽《あうん》の阿《あ》で、右側の金剛力士（仁王）を示し、右側の金剛力士（仁王）は独鈷杵《とっこしょ》を持つ。

そして、左の口を閉じた方の獅子が、阿吽《あうん》の吽《うん》で、左側の金剛力士（仁王）を示す。

第三十八条件．明王は元々人であって魂は人

明王は元々人であって魂は人であったという。昔、彼らは鬼になって暴れて手がつけられなくなったため、光の民は鬼に龍の遺伝子とウサギの遺伝子を入れてそこから立ち去った。

しばらくすると、鬼たちの中の何人かは明王に変わってようやく落ち着きが出てきた。そこで、かれらは神仏の道に入ることに決まったという。

天部の戦いの時には様々な鬼がいたという。それらの鬼たちは戦いで負けた後、光の民によって遺伝子を操作されておとなしくなったという。

第三十九条件．神社にある牛と蛙の置物の意味

大師から次の通信があった。

大師は、「一昔前、最澄との良きもあり悪しきも無し、時代の空間に赴《おもむ》いたその時分は、とにかく人の意思と御魂を一つにし、教えの統一を必死に取り組んでいた。その時、我らの前に悪しき指導者が立ちはだかり、人々の意識を障害し始めた。やがてその〝悪しき指導者〟による障害は大きな渦となりて我が進路を停止させ、未来の礎《いしずえ》すらあやぶまれる事態へと変貌していく勢いであった。しかし、

その時、空間に歪みができ、そこから不動明王が現れ、その悪しき指導者とその信者たちを消し飛ばした。消し飛ばされた邪なる者たちは、その後、〝牛と蛙の石〟に変えられた。その牛と蛙の石は長きの間、未来への戒めとして神社や寺の前に置かれたのである。そしてその空間に、我が戒めと共に足を向けてみた」と語った。

大師が語った〝悪しき指導者〟とは、平安中期以降に摂関政治を行って実権を握った藤原氏の人間を指すと思われる。なぜなら、後に入った大師からの通信では、藤原氏の人間が〝牛と蛙の石〟に変えられたという。

第四十条件．七夕に集まる神は〝七夕〟といい、日本人は〝天龍人《てんりゅうびと》〟

光明の奥さんの式神である獅子丸注一）からメッセージがあった。

七夕には意味が色々あって、七夕というのはＭＲ世界の神のことを意味し、人には〝天龍人《てんりゅうびと》〟という名前がついているという。

天龍人《てんりゅうびと》とは、神の遺伝子によって調整された人々のことで、この世で最後に創造された人をいう。

つまり天龍人《てんりゅうびと》とは日本人のことなのだという。

式神である獅子丸は、「七夕とは、これこそが神の名前なのだ。色んな神が集まる集団がある中で、七夕の日である七月七日に集まる神の集団が〝七夕《たなばた》〟という」と伝えてきた。

注一）獅子丸とは光明の奥さんの車に宿る式神である。

第四十一条件．弥勒菩薩の本業の力

光明に、次のメッセージが入った。

光の民は、「弥勒は一人にあらず、神の命により、民が一つになりて個々の光を集めし時、弥勒は本業の力を取り戻し、光明を照らすであろう」と伝えてきた。

第四十二条件．五次元へ至る五つの門を守る仏の交代

二〇二二年一月三日、つまり一三《いさ》の日の二時十一分、猫の十夜《とうや》は大師と一三《いさ》の世界にいる猫の八雲に迎えられ永眠し旅だった。

十夜《とうや》は、まるで静かに眠っているようであった。十夜《とうや》は十六年間の光明の奥さんの式神という任を終え旅立ったのである。

これから我々にはいくつもの苦難と悲しみが訪れるであろう。しかし、我々は、これらの苦難をも乗り越えて、この世の先に見える一筋の灯火《ともしび》、明るい未来を目指して、共に歩んでいかなければならない。

二〇二二年一月四日、猫の八雲と十夜《とうや》の御魂が北の聖地の門となり、光と闇が一つになった。

二〇二一年六月十五日、天神様であった菅原道真公が阿弥陀如来の御魂に戻り阿弥陀如来は一つになり〝鬼の門〟は安定し、天神様は菅原道真公から安倍晴明に交代した。

そして、安倍晴明は〝迷宮の王〟である『妙宇聖尊《みょうしょうのみこと》』となったのである。これにより、〝鬼の門〟を受け持っていた天神様である安倍晴明から真田幸村[注一]に交代し、現在、〝鬼の門〟は正常な場所に戻ったのである。

これらの門を守る仏の交代によって、五次元へ至る五つの門の全てが安定した位置に置かれることとなり、宇宙の全ての次元が安定することとなったのである。

八雲と十《とう》夜《や》が亡き後、大師から、「猫の天虎は、金毘羅大明神の〝縁切り〟の任を終え長老となりて天神様をお守りする天の虎になる」と伝えられた。

猫の天虎が、金毘羅大明神の〝縁切り〟の任を終えてから天神様のもとに行くということは、天虎の役割が〝道徳〟に変わることを意味する。天神様をお守りする天の虎になるということは、まさに天の虎＝十の虎＝十の子となる。それは、言わば、真田十勇士になるという。

光の民は、「これすなわち、天神様は真田幸村であることの証明である」と語った。

注一）真田幸村は、安土桃山時代から江戸時代初期にかけての武将。真田十勇士を従えて宿敵である家康に果敢に挑む英雄的武将というイメージで知られている。

第四十三条件．日本は神に寄り添った国、自信を持って新しい世界を築きなさい

大師から、日本の世の未来についての通信があった。

大師は、「詳しく妖精を世間に紹介することによって、人々の御魂がより一層良くなる」と語った。それと同時に、日本の未来の姿についての次の具体的なメッセージも受けた。

それは、「日本は神に寄り添った国であって、将来、日本が世界の中心になっていく。今の世界のエネルギー事情には問題がある。近い未来に、日本で革新的なエネルギーシステムを開発する小さな会社ができる」という具体的なメッセージが伝えられた。

その小さな会社の技術が発端となり、日本は〝世界中の人たちと協力して新しいエネルギー環境を改善していく〟と考え、自らが作り上げた技術をほぼ無償で他の国に分け与え、世界中の人たちを奮い立たせる行動に移るという。それにより、日本人は、他国の人と魂のあり方が違う、〝日本人は凄い〟と世界から称賛されるという。

具体的に〝二三三〟という数字も伝えられた。この数字は多分、二〇三三年に、この世界がエネルギー体制の大きな転換期を迎え、世の中が変わっていくことになることを示していると思われる。

しかし、二〇三三年からその後の百年後の二一三三年からは、世界中に自然の猛威が襲い厳しい時期が訪れるという。その時は、人間はこの三次元世界を捨てなければならないかもしれない。だからこそ、今が正念場なのである。

大師から、「〝皆で協力して支えあう〟という考えを真っ直ぐ持って、神に寄り添いなさい。正しい道はもう開かれている。四《し》神《しん》である人はこれを皆に伝えなさい。次の世代の様々なメッセージが我

に入って来ている。それをみんなに公表する。日本が正しい道に進むと世の中が良くなる方向に変わっていく。その中心に、日本が立っていることを理解しなさい。だから、日本人は、安心して勇気を持って、工夫して良いものを創り出していきなさい」と伝えられた。

第四十四条件．恵比寿が月の満ち欠けの仕事を成し遂げている

光の民から、「月の満ち欠けを示すカレンダーがある。その月の満ち欠けに合わせて人が行動すると良いといわれているが、それをよく調べてみなさい」と伝えられた。

昔は、月の満ち欠けによって大漁の日が分かった。要するに、釣りや漁のタイミングが分かる。釣り竿を持っている仏は恵比寿である。

つまり、恵比寿は月の満ち欠けの仕事を成し遂げていることを示す。

月の満ち欠けを調べると恵比寿のご利益が何かを詳しく知ることができるという。

第四十五条件．金剛力士は人の裏と表を見抜く力を持つ

宇宙とこの世をつなぐ力とは、物事の裏表をきちんと理解できることをいう。

金剛力士は、物事の裏表を見抜く力を持つ。例えば、ある人が自分に不利なことを隠していても、

勘がはたらいて、この人間は駄目だなと一瞬で分かる。金剛力士はそのような人を見抜く力を持ち、被害を受ける前に回避できるのである。

したがって、門番というのは、ある邪心に支配された人物が聖人のふりをして門の中に入り込もうとした時、その人間を門に通してしまうと神の世界に狂いが生じる。

金剛力士は、その場で人を見分けて門に通さないという。善人面に見える人間がいても、その人間をこの先には通さないのである。

日本の世を変えるのは職人の技である。職人が創意工夫して魂を込めて他の人に喜ばれる物を作る精神こそが悪しき魂を跳ね除けるという。

八幡神社の言い伝えでは、大師は独鈷杵《どっこしょ》の力をもつ金剛力士を門番にしたという。

第四十六条件．剣を持った八福神

剣を持った八福神について通信が入った。

遥か昔、北海道がムー大陸とまだつながっていた頃、創造主の世界では天部の戦いがあった。

その頃、アトランティスの鬼軍団は、北海道の利尻島の利尻山の火山口から侵入して登別の地獄谷から抜けて攻撃を仕掛けてきた。それは壮絶な戦いであったという。結局、ムーの光の民の軍団は、アトランティスの鬼の軍団を退けた。それは何度かあった天部の戦いの一つであるという。

その後、戦った天の七人の兵士たちは、剣を捨てて人々を導く役割が与えられ七福神となり全国に配置された。最初の七福神の中には布袋は入っていなかった。最初の七福神には吉祥天が加わっており、布袋は最後に加わって八福神となったという。

契此《かいし》天《てん》（布袋）は、来たるべき時が来た時に龍道が開くように北海道の各地の湖を回って次々と龍神を召喚していった。

弘法大師は北海道には来ていない。大師が北海道に来なかった理由は、契此《かいし》天《てん》（布袋）が龍を召喚する行をすでに終えていたからである。

契此《かいし》天《てん》（布袋）が北海道三笠市の湖（現在の桂沢湖）に辿り着いた時、仏の世界では、そのような関係は許されなかったが、色々と力になってくれた龍姫と恋に落ちた。

布袋は、龍姫に「いずれ時が来た時、あなたは救世主になるような人物とつながりができるから、あなたの御魂をその地に置くように」と言って旅だった。

現在、光明の奥さんの母親がその龍姫の御魂を持って生まれてきたという。

その当時、北海道の地を治めた龍王が沙加羅《さから》龍王《りゅうおう》であり、札幌市東茨戸のモエレ沼にしばらくいらしたという。モエレ沼と丘珠神社と十軒神社を結ぶ三角の真ん中の位置に光明の奥さんの実家がある。沙加羅《さから》龍王《りゅうおう》はそのモエレ沼で龍姫の御魂を持って生まれてくる光明の奥さんの母親と奥さんを見守っていたのである。

その地のすぐ近くの丘珠の玉ねぎ畑で二本の〝丘珠の剣〟が発掘された。この二本の剣は、契此《かいし》天《てん》がこの地に捨てたものであり、この地で神の使いが生まれるというメッセージとして、この二本の〝丘珠の剣〟をこの地に残し、契此《かいし》天《てん》は剣を捨て布袋となったのである。

今も八福神の伝説が根強く残っているのは、東京都の八王子と千葉県八千代市である。歪みのないこの世の次元を正すには、裁きの神である八福神の中の吉祥天がいなければならない。これまで歴史で吉祥天の存在が無視され続けてきたことで、この世は歪んできているという。

我々が、二〇二二年一月二十一日から行った調査は、天部の戦いで戦った鬼の伝説と北海道に残された七福神伝説を調査し、次に札幌の七福神を祀る神社を回り調査することである。

第四十七条件．光と闇が一つになって一つの門となる

光と闇が一つになって一つの門となる時、安倍晴明が、菅原道真公から天神様のポストを引き継ぎ、二〇二一年六月十五日から短い期間務めた天神様のポストを離れ、今度は、真田幸村が二〇二二年一月四日から〝迷宮の世界〟の全てを司り、月と闇と光を一つにするという。

光の民は、もう既に〝天上夢幻〟の道筋を作り始めている。そして、菅原道真公、安倍晴明と続いた天神様の鬼の位置に真田幸村が就いたのである。

それにより、鬼の門は正常な場所に戻り安定し、菅原道真公は阿弥陀如来の御魂に戻ることができたという。

真田幸村が天神様のポストに就いた理由は、能の面のお多福の面を背負っているからである。つまりお多福の面は神である天鈿女命《あめのうずめのみこと》を表し、真田幸村には天鈿女命《あめのうずめのみこと》の御魂がついているのである。

第四十八条件．真田幸村は天鈿女命《あめのうずめのみこと》の御魂を背負っている

正月には、目隠しをしてお多福に目や鼻や口を配置して顔を作る〝福笑い〟という遊びが行われる。お多福は能の面を表すという。

お多福の顔には、笑い、怒り、悲しみ、苦しさ、切なさなどがあり、様々な人のできごと、人生の山や谷がある中で幸せを掴《つか》みましょうというのが〝福笑い〟という遊びをする本当の理由であるという。

様々な人が作ったお多福の顔の表情から、笑い、怒り、悲しみ、苦しさ、切なさなど、角度によって全ての人間の感情が読み取れるという。

子どもたちが目隠しして、闇の中で手探りしてお多福の顔を作る。これこそが、今行われている闇と光が一つになることを意味するのだという。

闇の世界を作り上げて、お多福、つまり天鈿女命《あめのうずめのみこと》という光の民をうまく表現できるかどうかが問われる。

顔を上手く笑顔のお多福に作り、より完成度が高い笑顔のお多福の顔に作った子どもは、将来、光の民に寄り添う力が身についていて、強い子どもになっていくという。一方、お多福の顔を怒った顔に作り上げた子は、教育の中でその子の御魂のあり方を変えていかなければならないという。

真田幸村はお多福という能の面、つまり天鈿女命《あめのうずめのみこと》の御魂を背負っているという。

〝鬼の門〟を受け持つ天神様であった菅原道真公は、二〇二一年六月十五日から安倍晴明と交代したことで〝鬼の門〟は正常な場所に戻り、菅原道真公は阿弥陀如来の御魂に戻ることとなった。

安倍晴明が天神様になることで、日本三大怨霊である菅原道真公、平将門公、崇徳天皇の汚名が晴らされることとなり、過去の誤って伝えられた歴史が正常に戻ることとなる。

安倍晴明は、〝迷宮の門〟にいながらこの世を見極める役割を持ち、人の心を導き救い上げる。

二〇二二年一月四日から、天神様であった安倍晴明から交代して真田幸村が天神様になった。真田幸村は、学問と道徳を教えるための神である。

光と闇を一つにして、光の民に寄り添うことを教える神こそが、真田幸村の天神様としてのこれからの役目であるという。

五．守りの式神である猫『八雲』と結界

第一条件．目を閉じた猫の『八雲』

二〇二一年五月八日、二十一時二十一分、弘法大師が現れ、八雲を抱きかかえるように大師の黒い着物の手が現れ、八雲の御魂を連れていった。

昨日、沙加羅《さから》龍王《りゅうおう》が現れ、奥さんの手を握り「八雲に別れを伝えなさい、八雲が死した後は黒い箱に入れ埋葬しなさい。そうすると八雲は、大龍王の横にいつもいて穏やかに暮らせる」と語った。

光明は、沙加羅《さから》龍王《りゅうおう》から言われた通りに八雲を送ってあげたのである。

猫の八雲

第二条件．光明夫婦が飼っていた猫の『八雲』の不思議な話

八雲は、高齢の老猫で腎臓をわずらい、獣医師から長くは生きられないと宣告を受けた。それから一ヵ月が経過したある夜、弘法大師と鍾馗《しょうき》様と沙加羅龍王《さからりゅうおう》の三人で、八雲の余命について話し合いが行われた。

鍾馗《しょうき》様は、「邪なる魂を千人切れば、八雲の寿命を今より長く延ばせる」と提案した。すると弘法大師は、「それはいかん、それをすれば黒の猫又の邪なる魂が八雲の心を邪なるものへと変えてしまい、二度と元には戻れなくなる」と言った。

大師は、「八雲を自分の横に常におき、安らかな時間を過ごさせてあげたい」と語った。それは、猫ではあり得ないことであった。

しかし、大師は、「それが吉祥天に結界を張り続けた白虎の御魂を持つ八雲へのせめてものねぎらいだ。大龍王である我の横に置くためには、八雲の御魂を高千穂に連れて行き、神々の許しを受けて一《い》三《さ》の猫になる必要がある」と語った。

すると、今まで沈黙していた沙加羅龍王《さからりゅうおう》がＭＲ世界から手を伸ばし、光明の奥さんの手を優しく握り「八雲に別れを伝えなさい、死した後、黒い箱に入れ埋葬し、骨は海に撒きなさい。そうすると八雲は大龍王の横にいつもいて、穏やかに暮らせる」と光明に伝えたのである。

奥さんはその内容を理解し、もう無理をしないように八雲に伝えた。すると奥さんに抱き上げられ静かにため息をつき眠るように息を引き取ったのである。

その瞬間に、黒い着物の大師の両腕が見え八雲をすくい上げ、八雲の御魂を連れていったのである。

二〇二一年五月八日二十一時二十一分、八雲は十五歳十一ヵ月の生涯を終えたのである。

次の日、火葬の準備ができたので、しばらく行けなかった近くの蕎麦屋に行った。

その日は、母の日であり、店の従業員さんから母の日なのでと一輪挿しがプレゼントされた。その花は、ラナンキュラスと言う花で、その花言葉は〝飾らない美しさ〟であった。その花言葉の馬鹿羅《ばから》は〝ママはいつまでも僕を忘れないで、変わらない優しいママでいてね〟である。

八雲が、奥さんに「さようなら」と言っているかの様に思われた。

第三条件．八雲が目を閉じた時の不思議な写真

八雲が目を閉じ、横たわっている写真を見ると、まるで眠っているようであった。その八雲の姿を撮影した画像はスローになり龍神の声が入っていた。

以前に白虎が光明方示に贈った一輪挿しの花瓶は、まるで八雲の青い涙のように見える。その花瓶をアップすると、花瓶の表面に柄杓《ひしゃく》を持ち黒い着物を着たお坊さん（弘法大師）が写っている。そしてその横に、烏帽子《えぼし》を被った幼い男の子の顔である八雲の顔がアップで映っていた。

第四条件．八雲は一三《いさ》の力をもらいに弘法大師と一緒に高千穂に行く

八雲が目を閉じた。残されたのは十夜と天虎の二匹の猫である。

十夜は八雲が亡くなったことを敏感に感じた。十夜は、今まで呼んでも来なかったが、おいでと言うと「大丈夫。僕がついているから」と言うようにすぐ来て膝にのる。

天虎は、八雲が亡くなったことがまだ分かっていなかったようだ。天虎は、起きて来た時に八雲を探して「にゃん」と、どうしたのという顔をして見ている。光明は八雲の骨壺を天虎に見せて、これが八雲のお兄ちゃんだよと言ったら、固まってしまってその骨壺にすり寄っていった。

八雲は光明に「僕は大師様と一緒に一三《いさ》の力をもらいに高千穂の方に行って来るから、ママには内緒にして。月に一度、八の付く日に必ず一輪の花を選んで、その花言葉を僕の言葉として馬鹿羅《ばから》で変えて、お母さんに毎月あげてね」というメッセージを送ってきた。

さらに八雲は次のメッセージを伝えてきた。

「骨壺は撒かないで家に置いておいてね。ママが亡くなった時、骨壺を一緒に海にまいてね」と。

そうすることで、吉祥天と八雲が一三《いさ》の場所で会って一緒になることができ、大師にも会える。

八雲が一緒に旅をすることが許されるということは、人間に変わることを許されたのだという。一《い》三《さ》の力というのは、神の力、龍の力を得て自分が選んだ所にいつでも自由に行ける力であるという。

八雲が一番願ったことは、生まれ変わってしまうと奥さんに会えなくなってしまうので、奥さんが亡くなった時に大師と一緒に奥さんを迎えることなのである。それ故、一三《いさ》の力を得て、いつも大師の横に置いてもらい、ずっと一緒にいて、奥さんが亡くなった時に大師と一緒に迎えに来るという。

光明は、今年の真冬のクリスマスに、北の聖地にある虚空像菩薩をお祀りしている祠に、沢山のお菓子とおもちゃを持ってお詣りに行った。

その時の不思議な話を、玄天経典第二巻の三百二十一ページで紹介しているが、門の入り口から中は、背丈ほどの大雪で埋まっているので、体重が一八〇キログラムの光明は奥に歩いて行くことができなかった。その時、一瞬、吹雪いてきて、門から外の足下を見ると、一輪の花が置いてあった。つい先ほどは、花などはなかったのである。

その時、光明の頭の中に次の言葉が入り込んできた。「門番はこの先に入らなくてよい。そのかわりできるだけ多くの人を北の聖地の門に連れてきなさい」。その後すぐに、その一輪の花は消えたのである。

光明も我々も、その当時、この不思議な出来事の意味がよく分からなかった。しかし、今、光明は、八雲の死を迎えて〝賽《さい》の河原の賽《さい》（三一）を鏡面反転した世界が一三《いさ》の場所なのだ〟と、ようやくその意味が分かったのである。

虚空像菩薩は、ＭＲ世界の入り口と人間の世の狭間にいらっしゃるが、一三《いさ》は、神とこの世の狭間にある場所である。

そこにいるのが大龍王の称号を得ている弘法大師なのである。一三《いさ》は、五次元に通じるＭＲ世界とは異なる通路にある世界であるといえる。

神の通路は人の通路とは別になっているのであろう。

厳しい修行を積まないと一三《いさ》の場所には行けない。八雲の御魂が一三《いさ》の場所で、いつも大師の横にいられることは異例のことである。

そして、八雲の御魂は時空を越えていつでも奥さんのもとにも、光明の旅先にも現れることができるのである。

第五条件．光明の自宅を守る新たな結界

光明の自宅は、北辰信仰の十字架の東西のライン上に位置しており、光明の自宅の周辺は龍の気を強く受ける特殊な場所、つまり龍道でもある。

向かいの家は、今、人がいなくなり改装し、現在スタッフの家族が住んでいる。

光明の三匹の猫は、それぞれ式神が付いていたが、二匹の猫は高齢で亡くなり、天虎一匹だけが残っている。そのため、光明宅を守る式神の力が薄れてきているという。

光明の家は、現在、増改築を計画しており、今より、道路側に少し飛び出るように部屋を増築する。これは北辰信仰の十字架のラインを南側に少し押し戻して正常なラインに補正するためである。

玄関には大きな布袋の仏像を置き、二階の北側の棚には、先日、目を閉じた猫の八雲を祀ることになっている。

これらを行うことで、猫の死で弱まった結界を補強するのである。

第六条件．光明の自宅の向かいにある家の壁の色

光明にメッセージが入った。

光明の自宅の向いの空き家を購入して家の壁の上部を白に、下部を茶色に塗りなさい。その家にはあるスタッフの家族が住みなさいという。それによって結界が強化されるという。

向かいの家は改装を行っている最中であるが、壁の上部が白で下部の半分が青色であった。しかし、壁の色について光明にメッセージが入った翌日には、なんとメッセージの通り、下部の半分が水色から茶色に塗り替えられていたのである。

車庫の色も、家の色に合わせて茶色に塗りなさいという。

車庫の中には、光明が、昔、乗っていて、今は、倉庫に眠っている白いスポーツカーを整備して復活させなさいという。その白いスポーツカーには白龍の式神が付くという。

数日後の十三時二分、光の民から「白、赤、茶！」の通信が光明のLINEに送られてきた。

これは、暗号のようなメッセージで光の民が送ってきたと思われたため、これを馬鹿羅《ばから》で解いた。

白を鏡面反転させると黒で、黒と赤の色を混ぜると茶色になる。今、光明の真向かいの家は、壁の補修により、上が白で下半分が水色から茶色に塗り替えられていたが、そのことを示すメッセージであることが分かった。

そのメッセージが入る前に、光明は、壁の上が白で下が茶色だとしっくりくるという話をしていたのである。

つまり、十三時二分、光の民の通信

「白、赤、茶！」が意味することは、家の壁の下半分の色が茶色であることは正解であったことを示している。

第七条件．スタッフの家族が光明の向かいの家に住む理由

スタッフの家族が光明の向かいの家に住まなければならない理由が分かった。

その昔、蒙古軍が対馬を経由して九州に攻め入ってきた。これは元寇といわれている。その時、対馬の神々が神風を起こし、敵を蹴散らして外国の邪なる魂が日本に入り込むのを防いだのである。

これには少々説明が必要である。

当時、モンゴル帝国はモンゴル人が治めていた広大な領地だが、モンゴル人は邪なる御魂の持ち主ではない。

九州に攻め入っていた当時の蒙古軍は、当時、支配下においていた大陸や半島の国の邪なる御魂を持つ人間を雇い、兵士のほとんどがその国の邪なる御魂を持つ人間であった。そのため、神々は、これらの邪に染まった人間の日本への侵入を阻止したのである。

話は元に戻るが、対馬の神々の力は陰と陽であり、蒙古の来襲を防いだ力は陰の力である。今の時代は、逆に、対馬の神々の陽の力を使わなければならないという。

そのスタッフの奥さんは対馬の出身で〝相馬〟という巫女の家系であり、対馬の巫女の御魂を受け継いで生まれている。沢山の神々の力で、この北の聖地の北辰信仰の十字架の龍道を強化するために

は、この対馬の巫女の力が必要だという。北の聖地のこの場所に住むことで、光の民の力がこの北の聖地の北辰信仰の十字架の龍道に入ってくる。光の民が頻回に北の聖地に降りてくるには、光の民の着陸地点と通路を作ることが必要である。今の時代、対馬の神々の力は、神を全て通すための逆結界、逆龍道になる。この理由は、当時の邪を日本列島に入るのをくい止めた対馬の神々の力は、現代では、神々をこの北の聖地に迎え入れる力として働くという。

そのためには、この北の聖地の北辰信仰の十字架の龍道上に、この巫女の御魂を持った女性が住んでいることが必要なのである。

この対馬の巫女の血を受け継ぐスタッフの奥さんには、男の子と女の子の二人の子供がいる。光明方示がこの男の子の顔を見た時に感じたのが、第六の力を持つ鬼、つまり天神様である。

これには説明が必要である。第六の力を持つ高次元の知的エネルギー生命体は、元々は光の民の敵（六番目の勢力）であった。しかし、今は光の民に所属し明王の力に変わった。明王は、元は鬼であり鬼の力を持つ。この子の持つ力は第六の力、つまり、鬼の力であり明王の力である。第六の力とは天神様の力なのである。

第八条件．猫の『八雲』はＭＲ世界の〝オリジオン〟に招待された

光明は猫の『八雲』に関するビジョンを受けた。

猫の八雲がまだ亡くなる前のビジョンであるが、八雲のところに男性と女性の二人が訪ねてきた。頭にインディアンのようなバンダナをしている。見た目は東洋人であるが顔立ちが違う。女性は髪の毛は少し栗毛色でかわいいある女優に似ていた。目が青いが、どう見ても東洋人である。

その女性は猫の八雲を抱っこして、「〝オリジオン〟に招待します」と語った。〝オリジオン〟は、MR世界の森の奥にある。

〝オリジオン〟に着くと辺り一面に音楽が流れていた。

その女性は、「八雲の体を音楽で治す」と語った。音楽は、治療法の一つでもあるという。

夜叉姫（皐姫《さつきひめ》）が使った風の舞は、風を起こすことによって音を出し、治癒の力が生まれた。

始まりの〝ゼロ〟から〝一〟に行くのが〝オリジオン〟の意味だという。全く何もない〝ゼロ〟か〝一〟に移行することが始まりの一歩だという。

〝オリジオン〟の〝オ〟はスイッチを入れる〝オン〟という意味で、この八雲の寿命が尽きる時は、〝ゼロ〟から〝一〟に行くスイッチが〝オン〟になるという。

その〝オリジオン〟の女性から、「八雲の命がある時に、できるだけ組織の整備を急ぎなさい」といわれた。そのためにはスタッフの玄武が製作する音楽が必要なのだという。

第九条件．猫による三つの結界、猫の『八雲』は道徳を説く

猫の八雲は道徳を説いていたという。今まで、八雲は光明の奥さんを時間になったら起こしたり、

寝る時間になると寝るよと教えたり、夫婦喧嘩をしていたら止めに入った。

猫の十夜は人懐っこく誰の膝にでも座る。猫の十夜は、縁結びの役割をもち、どんな人にも心を開いた猫である。

猫の天虎は、猫の十夜と違って人懐っこくはなく、自分にプラスにならない人の前には近寄らない。人を選び、自分に都合のいい人か悪い人かを見極める力がある。

それぞれの猫には力があり、三匹で三つの力となっていたという。

第十条件．大師がいた時代は式神は人に宿り、今の時代は式神は車に宿る

ここで、なぜ猫の式神が出てきたかの説明が必要である。

大師は、昔、光の民からメッセージを受け、世の人々を導く役割を持って生まれた。その時代は、物事を成し遂げようとする人には必ず式神がついたという。

当時の式神は人に宿ったのである。そして大師を守ろうとした沢山の式神が宿った人たちが目の前で、大師の盾になって亡くなっていったのである。

式神は人であったら、その人が亡き後も言葉も意志も伝わってくる。悲しみなどの思念が強く残ってしまうのである。そのため、大師は式神を人から動物に変えたのだという。

式神がついた人は式神の法力を持ち、その法力を使ってその人が式神になる時、体が妖怪のような姿に変化《へんげ》するという。

人々が変化《へんげ》した式神の姿を見た時、その姿はこの世には存在しない異形の姿なので妖怪と呼んだという。河童や天狗の姿は法力を使う式神の姿なのだという。

式神がついた人が亡き後には、その人の強い思念が残るので、物事を進める上で障害となり先に進めなくなる。そのため、大師は動物に式神をつけることにしたのである。

その理由は、犬や猫は飼い主に忠実で、裏表がない純粋な御魂を持っているからである。ところが、時を経た現代、犬や猫などは、ペットとして家族と同様な扱いを受けている。そうなると、やはり人々の思念が強く残ってしまう。そこで、我々の組織の式神は車になったのである。

我々の組織には十数台の車があるが、それぞれの車には式神がついて守りの役割や事を進める推進力となっている。

なぜ、車に式神が宿るかというと、車は直せば直るし思念が残らないからである。ただし、仏の魂を持ち、事を成す人に関しては、身近な動物に式神をつけるという。その式神はその人を良い状態に導き、忘れかけた仏の心を思い出させる役割があるという。

第十一条件・〝猫又〟と一三《いさ》の猫

賽《さい》の河原にいる三一《さい》（賽）の河原の黒猫である〝猫又〟と空の大海にいる一三《いさ》の三毛猫である〝神猫〟がいる。

神社には、鳥居の手前の左右に獅子の石像があるが、口を閉じている獅子が〝猫又〟であり角がある。口を開けている獅子が、一三《いさ》の〝神猫〟であり角がない。

第十二条件．『八雲』についた〝猫又〟を祓《はら》い、一三《いさ》の〝神猫〟にするため一三《いさ》の力を得る

八雲が亡くなる前、大師と鍾馗《しょうき》様、沙加羅龍王《さからりゅうおう》の三人で、八雲の寿命を延ばす方法が相談された。

八雲は十八歳で高齢であるため、〝猫又〟というものが纏《まと》わりついてきている状態であった。

鍾馗《しょうき》様は、千人の邪を切ることによって八雲の寿命を延ばすことができると語った。大師は、そのような事をすると、八雲の御魂に猫又が纏《まと》わり付いて今後離れなくなってしまう。そのようになると意味がないと語った。

八雲の御魂を救うには、高千穂に連れて行き神々の許しを得て、一三《いさ》の力を得なければならない。八雲が一三《いさ》の力を得ると、どこにいくことも許される立場になるという。

八雲は白い服を着た子供になって、光明に「大師様と高千穂に行ってくる」と告げた。

八雲の骨壺の包みと花を一輪挿した青い花瓶を撮影した動画には、花瓶の表面の左側に黒い着物を着た人が右手に柄杓を持って前に差し出している姿と右側には黒い烏帽子をかぶって微笑んでいる男の子の顔がアップで映っていた。

黒い着物を着た人は大師で男の子は八雲である。

八雲が光明に「自分のママに、八の付く日のどれかの日に、一輪の花を渡して、一輪の花の花言葉

を書いてママに渡してね。そしてそれを棚に置いて」と伝えてきた。

八雲は光明に、「一三《いさ》の力を自分だけがもらうのではなく、虚空像菩薩様のお許しを得て、周りにいた友達も一緒に上に連れて行くので、大師様と一緒に高千穂に行く」と言った。

光明が八雲に「どうして一三《いさ》の力なの？」と聞くと、八雲は「虚空像菩薩様のいる世界は賽《さい》の河原の三一《さい》の力。だからその力を発揮するために、一三《いさ》の力が必要だって。一三《いさ》の意味は賽《さい》の河原の鏡面反転で三一《さい》（賽《さい》）の河原の逆なんだって。だから賽《さい》の河原が地獄の門だから、僕は未来の扉の鍵となる一三《いさ》の猫の力を貰いに行ってくる。今まで、自分の面倒で手がかかっていたからママの小説が遅れていたけど、自分がいなくなったら小説が進むから。本当は、あと五年位は生きられたけど、時を進めるために、早めに一三《いさ》の力をもらうことになったんだ」と伝えてきた。

八雲が亡くなった代わりに、倉庫に眠っていた車の白いスポーツカーが式神として復活することになった。

いずれ、額に十字がある白い猫が現れるので、その猫を飼うと世の中の導きが進むという。その白い猫は〝北斗〟と名前が決まっている。

第十三条件．『八雲』は道徳を説く式神、『十夜』は縁を結ぶ式神、『天虎』は縁を切る式神が宿る

光明の奥さんは人と接するのが苦手である。それが目の上のたんこぶになるという。吉祥天は何を

しようが誰に言われようが、一切人の話を聞かない性格である。

三匹の猫のうち、猫の八雲は菅原道真公の道徳を説く力である。

猫の十夜は、人なつっこく、どんな人が来てもすぐ膝に座る。猫の十夜は、平将門公の縁結びの力を持つ。

猫の天虎はいい人かどうか見極めてから近くに行く。これは崇徳天皇の縁切りの力であり、奥さんの身代わりなって苦手な部分を補う役割を持っている。それが奥さんに仏の道を示すための結界になっているという。

吉祥天がこの世に降りた時、憎悪の心を持って降りてきた。その吉祥天の心と猫の式神の結界が一緒にあるのだという。それは三匹の猫の魂となり、奥さんに与えられて結界になっている。

吉祥天は、ただ、真っ直ぐで素直な猫などの動物の魂に対しては弱いのだという。そこで目が覚めて、これでは駄目だと思って頑《かたく》な心を解いていく。そういうこともきちんと計算されて用意されているのである。

三匹の猫は吉祥天の結界であり、三つの力であり、三種の神器の力ともつながっているという。

第十四条件．八雲の火葬に使う黒い箱

大師から光明に、「猫の八雲の火葬をする時、黒い箱を用意しなさい。それは、ある本屋の南側の入り口を入ってすぐ左の棚の二段目にある」と具体的に言われた。実際にその店に行ってみると、そ

の場所に言われたサイズの黒い箱があったのである。

凄い雨であったが、その本屋に着いた途端に雨が止んだ。

黒い箱の値段が三千六百九十円で数字が〝三六九〟、つまり弥勒である。

車で走り出すと、また雨が降ってきた。

その日の夕方に火葬をしたが、火葬している最中は晴れていた。

八雲から、骨は骨壺に入れて家に置くように具体的に伝えられていた。「新しく家を増築した北側の部屋の窓際の所に棚を作って、そこに骨壺を置き、写真を置いて、その横に吉祥天の像と布袋の像、そしてその前には龍の置物を置いて」と伝えられた。そうすることで、物事が上手くいく道標になるという。

光明が一番悲しかったのは、八雲が傘帽子をかぶった大師の横について「行ってきまーす。バイバイ」と頭に浮かんだ時である。

第十五条件．神のところに行く一《い》三《さ》の場所は〝一《い》三《さ》の空《から》間《ま》〟という

神のところに行くその場所を〝一《い》三《さ》の空《から》間《ま》〟という。

その〝一《い》三《さ》の空《から》間《ま》〟という場所は、大龍王がいる場所なのだという。

修行した仏たちが、その大龍王の力を得て上に行く時、次に行く場所を選ぶことが許されるという。

例えば、その仏がある地域の氏神になる、沢山の所に名前を置いてそこに行き来できるようになる、

あるいはたった一人のために動ける神になる、などが選べるのである。

その力を得るためには一三《いさ》の力が必要である。

その一三《いさ》の力を得るには、大龍王の導きにより、高千穂の神社に行き、神からお許しを得なければならないという。

第十六条件．〝一三《いさ》の空間《からま》〟の意味から大師は『空海』と名がついた

〝一三《いさ》の空間《からま》〟という場所は、空と海との間にあるという。だからこそ弘法大師は『空海』という名前がついたのである。大師は、このことを光の民から伝えられたという。

光の民の導きにより、目覚めた人たちが未来に向けて行動を起こし、新しい未来を作っていく。

賽《さい》の河原の鏡面反転した場所が〝一三《いさ》の空間《からま》〟である。

光明は大師から、「其方は、光明と名のれ」と伝えられた。この理由は、〝光明〟という言葉には、〝時が来れば光の民の意志により明神たちが動き出し、人々の力で未来に向けて前進する〟という意味が込められているからだという。

第十七条件．三月二十一日の鏡面反転は一《ひ》、二《ふ》、三《み》で〝虎狐十斗乃歩《ここととのふ》〟

一三《いさ》と弘法大師、空海はつながっている。

空海は一三《いさ》の力であり、空と海を意味する。

空海が入定《にゅうじょう》し大龍王となった日が三月二十一日で、三、二、一。これを鏡面反転すると一、二、三（ひふみ）で〝虎狐十斗乃歩《ここととのふ》〟となる。

大師が仏の道から大龍王になる時、一《ひ》、二《ふ》、三《み》の逆の三月二十一日を選んだという。従って、全てが鏡面反転であり馬鹿羅《ばから》であるという。

今まで我々が進んで来た道を見ると分かる。光の民に導かれ、多くの寺や神社の調査を行ってきた。それらを重ねて行くことに意味がある。

第十八条件．大龍王弘法大師は〝一三《いさ》の空間《からま》〟にいらっしゃる

弘法大師、空海がいるところは、〝一三《いさ》の空間《からま》〟という場所である。その場所には、厳しい修行をして仏になり、さらに仏が修行して初めて辿り着く。その場所で一三《いさ》の力が与えられ、次に行く場所を選ぶことが許される。

その場所には、一三《いさ》の猫がいる。その猫は猫の神ではなく、高千穂の神から〝一三《いさ》の空間《からま》〟にいることを特別に許された猫である。

一三《いさ》の神から一三《いさ》の力が与えられた仏は、手を合わせた時に選んだ場所にだけ移動できる。その力は、空間を超える龍の力であって、その空間は空と海の間にある空間である。
賽《さい》の河原は、この世から仏の場所に行くために、最初に行かなければならない場所である。
賽《さい》の河原の上にあるのが〝一三《いさ》の空間《からま》〟であり、ここは仏から神になる場所でもある。

第十九条件．吉祥天（黄龍）を守る式神がついた猫による結界

今、資格者が集まり、スタッフを集め、大師を含む多くの光の民から、我々が行うべき具体的な指示を受け、一寸も違わずにその通りにプロジェクトを進めている。

今、大師が、様々なことを急いで実行するように伝えてきている。その理由は、大きな波が、近々、訪れようとしているからである。その時に、式神が付いた猫による強固な結界が破られてしまうと大変なことになるからである。もし、吉祥天に「もう、この世などどうでもよい、滅んでしまえ」という気持ちが現れると、それで終わりだという。

そうならないように、大師は、きちんとその対策を立てて準備している。

結界として守りにつかせていた三匹の猫のうちの一匹の猫、八雲が寿命を迎えた。吉祥天が、その猫の死を体験したとき、動物は真っ直ぐで嘘をつかない、しかし寿命はすごく短い。一方、醜く自分の欲だけに生き、自分の好き放題のことをしている。そんな世の中など必要がないという心の乱れが現れると、それは非常に危険なことである。

式神が付いた高齢の猫である天虎はいずれ寿命がつきるときが来る。

大師は、その時には、頭に十字の模様がある白い長毛の雄猫を探し出し、その猫を〝北斗〟と名付けて吉祥天に渡さなければならない。

頭の十字の模様は南十字星を表すという。

残っている猫である天虎には、朱雀の役割で飛龍の力を持つ一人の長老の御魂を持った存在が式神としてついて頑張っているという。

大師は「悲しむべきことなかれ」と光明に伝えてきた。

第二十条件．白い〝一三《いさ》の猫〟と黒い〝猫又〟の成り立ち

猫の八雲が出てきて、次のことを教えてくれた。

まず、十二支が決まる時、その動物たちはまだ地上に降りていなかった。

その賽《さい》の河原から門を通って外に出て行った順に十二支が決まったという。

十二支の中に猫がいないことには理由があった。その理由は、白と黒の二匹の猫が賽《さい》の河原を通りかかった時、白い猫は子供たちが石を積むのに苦戦しているのを見て手伝った。そうこうしているうちに門が閉まって、その猫は外に出られなくなった。

それを見た賽《さい》の河原の番人である虚空像菩薩が可哀想だと、十二支にはなれないが、白い猫をこの門から外に出してあげることにした。

黒い猫は残念だが、この場所に居ることになった。

猫が十二支には入れなかったのは、このような理由があったからである。

外に出された白い猫は、様々な空間を移動できる神になり、龍神と同じ力を持つことになった。それが一三《いさ》の猫である。

そして中に残った黒猫は、人が死を迎える時に死神と一緒に世に出ることが許された。その黒猫が黒の猫又と言われる由縁《ゆえん》なのだという。

猫の八雲は、自分の位牌を四十九日間は大事にしてよいが、四十九日を過ぎたら、黒の猫又の意識が入ってきて、人を不幸にしたり凶暴にしたりするから、所定の場所に置いておくように教えてくれた。決してその位牌を持ち歩いてはいけないという。

第二十一条件．猫は賽《さい》の河原の門番で鳥居の前に置かれている獅子は猫

猫が賽《さい》の河原の門番である。神社の鳥居の前に置かれている獅子（狛犬）は犬ではなく猫なのだという。獅子舞の獅子も犬ではなく猫なのだという。

鳥居の前の左右に置かれている獅子の口は阿吽《あうん》になっている。口を開けている〝阿《あ》〟が一三《いさ》の白い〝神猫〟であり、閉じている〝吽《うん》〟が黒の〝猫又〟である。

生きてから死ぬまでの空間にいるのが、一三《いさ》の白い神猫と黒の猫又だという。賽《さい》の河原の門にいて、虚空像菩薩の一番近くにいるのは猫なのだという。

そしてもう一つ教えられた。

猫は、よく目の前の物に手を出してじゃれたりする。あれは賽《さい》の河原の中にいた子供たちの石積みを助けるため、猫が器用に手で石をかき集めていた名残が、世に出て来た時も出ているという。

それと猫を世に出してしまうと、限りなく猫の寿命が短くなってしまう。そのため、虚空像菩薩は涅《ね》槃《はん》でいる時間を長くしたという。

虚空像菩薩は猫が寝ている時、魂がＭＲ世界にいることを許した。

それによって、猫は寝ていることが多くなるという宿命を負わされているという。

第二十二条件．白虎は邪を払い時間を操る力で道を開く

この世で何かを行うときにはお金が必要になる。白虎はお金を出してプロジェクトに必要な施設を建て組織を維持管理してプロジェクトを実行する。

しかし、組織を統括する白虎の本当の役目は邪を払いのけ、皆の時の流れを止めることであるという。

それはどういうことかと言うと、ほとんどの人は、みんな朝起きて働きに行って帰って来て、食事の支度をしたり掃除したりすると、自分の時間がほとんどない。その中で、例えば神事とか色んなものを考えて実行する時間がほんの僅かしかない。そのほんの僅かの時間で神事や仕事ができる人はごく一部だという。

その忙しい中で、長く時間を使えることはチャンスである。

白虎の役目は、時間を操る力で時間がほんの僅かしかない人に時間を与えて神事や仕事ができるようにするのが役目なのである。

猫の八雲の役目は、家の中で結界を張り、時間の流れを一定にさせる。例えば、光明の奥さんを、時間が来たら起こしていた。

大師は、今の時代は、時というものが問題であるという。時というものが聖なるものには必要な力で、お金は必要がないという。

お金が重要な世では、争いごとが起こり、お金のために時間もなくなる。

お金という邪なる要素をなくし、時間を与えるという聖なるもので道を切り開いてゆくことが白虎の本来の役目だという。

第二十三条件．『八雲』の御魂が高千穂の山を越えるため邪なる者の人生が必要

暗闇の中に虹があって、その奥の方に頭を肘《ひじ》に乗せて横になっている鍾馗《しょうき》様がいた。光明が近くに行くと、鍾馗《しょうき》様は「実は三人で話したのだが、猫の八雲を大師に寄り添う猫として連れて行くには、高千穂の山を越えなければならない。しかし、今のままではそれができない。八雲が高千穂の山を超えるには、今、最も神聖な場所にいる最も邪なる者の人生が必要である」という。

猫の八雲を一三《いさ》の神にするには、その等価交換が必要だという。それによって、猫の八雲は一三《いさ》の

神の天童子になり、光明の奥さんが亡くなった時、八雲は大師と一緒に迎え入れることができるという。

「最も神聖な場所にいる最も邪なる者」は、自分の思った通りにことが進まず、一生何をやっても芽が出ない。そういう人生が待っているという。

鍾馗《しょうき》様は「最もふさわしい者をそれにあてることにした。邪の心を持ちし、それを隠し一番聖なる場所に潜り込んでいる小悪魔をあぶり出して探し出した」と語った。

要するに、邪の者が最も腹が立つ様な仕事をするように仕向け、正体を現すようにしたのである。

確かに、この時、これに当てはまることがあった。最近組織に入ってきたスタッフがいた。彼は、頼んだ仕事を自分のポリシーがあるからそれはできないと断ったり、外出していた仕事場の近くの駐車場で仕事もせず昼寝をして、勤務中に次の就職の面接に行ったりしていたのである。

そして、鍾馗《しょうき》様は「その者は皆の前にあからさまに、その正体を現すことになる」と語った。彼は、その時期に急に手のひらを返したように、不合理な文句を言ってくるようになった。

鍾馗《しょうき》様は「我は鍾馗《しょうき》なり。あぶり出しをした。我の仕掛けにまんまと引っかかりおったな。その者はだれかが分かるであろう」と言う。

大師は光明に「物事を一生懸命やって言葉を返してくる者は、それは邪なる者ではなく聖なる心は持っているが要領の悪い者だ。ただ、言葉を返してくる時に一番言ってはいけないことは、自分がポリシーを持っているなどと、プライドあるようなものの言い方をする者は邪の証である。プライドを語るには、自分で信用を持って、自分の力でお金を使ってやる人間の言葉である。人に使われて人の恩恵を受けている者がプライドを語る資格はない。自分が救われている、助けられていると思うのが当然であって、自分のやり方はこうだと言うには百年早い。その者が邪なり」と語った。

鍾馗《しょうき》様は、我々に「邪が宿る者も、仏の魂を持つ者も、目を見ればすぐにわかる」と語った。

第二十四条件．三毛猫は一三《いさ》の猫で〝招き猫〟、黒猫は〝猫又〟でその正体は死神

白虎の自宅兼スタジオとして建てた北辰南十字星白堂《びゃくどう》が二〇二一年十一月に完成した。この建物の南側の土地の角に稲荷社を建てた。その稲荷社には一対の獅子の置物を置くが、一対の獅子の口は阿吽《あうん》になっている。口を開けている〝阿《あ》〟が一三《いさ》の神猫であり、閉じている〝吽《うん》〟が黒の猫又である。

よく黒猫が横切ったら何か悪いことが起こるといわれるが、黒猫の正体は猫又であり、人が死ぬ時や不幸がある時に人の前に現れる猫である。

一三《いさ》の猫は、皆が知っている三毛猫で、家やお店によく置いてある招き猫である。

力のある神は鳥居の外に出られないが、一三《いさ》の猫は、龍神と同じように色んな所に出入りができる。

一三《いさ》の猫は、どこの家でも置いてある招き猫を伝わって色んな人の家や店に出入りできるのである。

一三《いさ》の猫は三毛猫なので、三毛猫の置物は鳥居の役割をする。鳥居がなくても三毛猫の置物が飾ってあれば、そこから出たり入ったり、自由自在に色んな所に行けるという。

色んな場所に行って見回って、人々に幸福を与えるのが一三《いさ》の猫で、亡くなった人を迎えに行くのが黒の猫又である。

第二十五条件．獅子舞は猫を意味し唐草模様は〝鳴門《なると》の渦〟を現す

獅子舞は唐草模様の緑の風呂敷を身体に巻いて頭としっぽを出して踊る。

獅子舞の唐草模様の緑の風呂敷が意味するものは、その風呂敷の模様こそがＭＲ世界への通路であって、〝竜宮城〟への入り口を意味するという。

あの唐草模様の風呂敷をよく見ると渦が描いてある。あの渦は〝鳴門《なると》の渦〟を意味しており、竜宮城ということは、ＭＲ世界から外に行ったり戻ったりすることを意味するという。その獅子舞は龍神と同じ力を使うという意味がある。

獅子舞のしっぽの方が猫又で頭の方が一《い》三《さ》の神猫の意味を表す。しかも、門番である鍾馗《しょうき》様の力を借りないと、ＭＲ世界から外には出られない。それはなぜかと言うと、獅子舞の顔は赤い鬼だからである。

獅子舞の耳は垂れている。しかし猫の耳は垂れていない。獅子舞の耳が垂れているのはなぜか。それこそがＭＲ世界の環境を意味するもので、水が耳の中に入らないように耳でふたをする。つまりＭＲ世界へ行くときに水の空間を通り抜けるということを意味する。

昔、日本にいた三毛猫は、みんな耳ふたの猫だったという。今の猫は、水の中を通ることがないので耳が立っているのである。

第二十六条件．車の式神である『獅子丸』は賽《さい》の河原の黒の猫又で『制多迦童子《せいたかどうじ》』

獅子丸は、光明の奥さんの車の式神である。獅子丸が八雲を乗せたくないといっていた意味がわかったのである。

獅子丸が出てきて「八雲が死んだんだね。可哀相だね。これでバランスが取れるからね」と語った。光明は「何を言っているのかと思って、何で？」と聞くと、獅子丸は、「僕は賽《さい》の河原の猫又だけど、みんな猫又が悪いというわけじゃないだよ。僕はきちんと虚空像菩薩様について行って、賽《さい》の河原から亡くなった人をお迎えに来る不空羂索観音《ふくうけんさくかんのん》様の所へ皆を連れて行くんだよ。分かれ道のところに着くと、みんなが迷わないように、僕は間違って進もうとする所を横切んだ。すると、みんな黒猫が横切ったから縁起が悪いと考えて、僕が横切らない道を間違いなく進んでいくんだ」と語った。

そして不空羂索観音《ふくうけんさくかんのん》には沢山の手があり、それぞれの手が、それぞれの人が進むべき運命になっている。要するにその人が行くべき世界がその手の中にある。この人はこっちの手に乗りなさいといって、それぞれの人が行くべき世界に案内するという。

不空羂索観音《ふくうけんさくかんのん》は、亡くなった人の道案内であり、その人が進むべき道の振り分けを行う仏なのである。

不空羂索観音《ふくうけんさくかんのん》は、人に会った時は、猫を抱いた女性として現れ、迷っている人に「あなたは何でここにいるのか分かりますか？、どうしたいのですか？」などと色々聞く。それで、「あなたは、今までこういう人生を送ってきました。分かりますか？」と、その人の今までの人生を見せるのだという。

獅子丸は、この不空羂索観音《ふくうけんさくかんのん》に付いている由緒ある獅子なのだという。

八雲が亡くなって、光明の前に出てきた時、大和時代の白い服を着て日本武尊《やまとたけるのみこと》のように髪を結っていた。獅子丸は黒っぽい服を着て髪を同じように結って大和時代の子供として出てきた。

光明は獅子丸に「何でそういう恰好をしているの？」と聞いた。

獅子丸は「僕のほんとの名前は制多迦童子《せいたかどうじ》なんだよ」。

光明「童子《どうじ》というのは神か何かなの？」

獅子丸「僕は天使だよ。日本でいう童子《どうじ》は天使なんだ」

光明「どこにいるの？」

獅子丸「僕は不動明王様の横にいるよ。足元に矜羯羅童子《こんがらどうじ》、制多迦童子《せいたかどうじ》の二人がいるでしょう。それが僕たちだから。向こうの方の言い方だと、僕たちは天使だよ。八雲は白の宿命を背負った矜羯羅《こんがら》童子《どうじ》で、僕は黒の宿命を背負った制多迦童子《せいたかどうじ》なんだ。だから八雲が亡くなった時に家の前に、八雲と僕がいるということは、そこで、白と黒の一つの門ができるんだ」と語った。

一三《いさ》の猫又にも役目があったのだ。

一三《いさ》の神々とは、十三人の童子《どうじ》であり、大師、龍神、龍王と一緒に旅をしながら、仏の教えを聞いて歩くのである。

第二十七条件．車の式神である麒麟《きりん》は金色のライオン

祠に置いてある一対の獅子のうち、口を開けている〝阿《あ》〟の獅子が一三《いさ》の神猫であり、口を閉じて

いる〝吽《うん》〟の獅子が黒の猫又である。〝あ〟と〝うん〟で、白と黒で陰と陽である。

一三《いさ》の神猫を表す獅子は麒麟《きりん》も表すという。麒麟《きりん》にはたてがみがある。そして麒麟《きりん》は、本当はライオンのことだという。麒麟《きりん》の本当の姿を絵に描くと、馬の身体にたてがみではなく、あれは獅子にたてがみがあるライオンだという。この麒麟《きりん》の色は金色で、それは金色のライオンを現すという。

八雲が死んだことで、車の式神である麒麟《きりん》は金色のライオンに変わったのである。そのため、光明の向かいの家に金色の車を置いて、鏡返しで対面させることにより結界を張ることになったのである。

第二十八条件．式神がついた白いスポーツカーの結界が動き出す

光明の自宅は、北辰信仰の十字架の東西のライン上に位置し、そこには龍の強い気が流れている。

一方、光明の自宅に魔が入り込まないように、式神がついた猫による結界と奥さんの獅子《しし》と麒麟《きりん》の式神がそれぞれついた二台の車、その他のお守りや置物、仏の仏像によって何重にも結界が張られている。

猫の八雲が亡くなった時、八雲による結界が外れて弱まるため、車庫に長年保管してあった白龍の式神がついている白いスポーツカーを整備して復活させたことで、その白いスポーツカーの結界が動き出したのである。

第二十九条件．四十九日の意味

賽《さい》の河原に送り出すために準備する期間が四十九日である。

それが意味することは、四の数字の虚空像菩薩が必要なものを準備して、九の数字の人を送り出す。

四＋九＝十三となり、四十九日の後は、そのひとは一三《いさ》の旅に出ることとなる。

ある人の御魂が、一三《いさ》の国からこの地上に降りる時は、鍾馗《しょうき》様と夜叉様の許しを受けて降りるが、資格を持った人が、天から一三《いさ》の旅に出る時は、阿弥陀如来と薬師如来の門から送り出されるという。

　この世の地上と上の天に行くためには、それぞれの門を通るが、下の地上に降りるときの門番は鍾《しょう》馗《き》様と夜叉様で、上の天に行くための門番が鏡面反転して阿弥陀如来と薬師如来になるのである。

　四十九日の間は、亡くなった人は門の中にいて、何か用事があって世を見たい場合は、鍾馗《しょうき》様と夜叉様に許可を頂いて、門から外に出て、やり残したことを見に行く。四十九日を過ぎると、次の先の道に進んで行くのでこの世を見ることはできなくなるという。

　一三《いさ》の資格をもらって天童子《てんどうじ》になった者たちは、お盆とか関係なくいつでもこの世に来ることができる。ただしルールがあるらしい。

　天童子《てんどうじ》になった者の形見とか髪の毛をお守りに入れて持っていると、それを伝って戻って来られるという。これができる天童子《てんどうじ》は、一三《いさ》の修行に耐えたほんの僅かの御魂だけである。一三《いさ》の国にいる天童子《てんどうじ》は、人のために何かの仕事を成し得たものだけに資格が与えられ、それは神仏の地位に値するという。

　つまり、天童子《てんどうじ》は、人に影響を及ぼす力を持ってこの世に降りて来られるのである。

第三十条件．猫の『天虎』は天神様の式神

天虎の名前を考えると、天虎は〝天の虎〟であり、虎のパンツは鬼なので天の鬼、天虎の〝虎〟は太鼓の〝鼓〟であり、太鼓は風神、雷神の太鼓で風神と雷神は天神様の式神である。天神様は鬼の中の神であり天の神である。

つまり、天虎という名前は天神様の式神を表している。

未来において、天神様が最後の言葉を皆にかけて最後の導きをする。

菅原道真公が道徳の神ということは、天神様が、我々の未来の在り方や未来の道筋、人として正しく生きる道筋を決めると思われる。

次の世界は、〝天神様の細道じゃ、ちょいと通してくだしゃんせ〟は、天神様の世界に行くということである。

第三十一条件．猫の『八雲』の誕生日

次の様なエピソードがあった。

亡くなった猫の八雲の誕生日には、焼き栗など好きなものをあげていた。

他の二匹の猫におやつをあげていた時、ドアの向こうから「にゃ〜ん」と開けてくれという声がした。「八雲の声か？」、ドアを開けて中を見ると、二匹の猫はきちんと寝ている。ドアを閉めると、また「にゃ〜ん」と声がする。亡くなった八雲はまだ家にいて、早く線香をあげて僕にもおやつをちょうだいとせがんでいたのであろう。

第三十二条件．光明の家の『天虎』という猫

光明の家には三匹の猫がいたが、先日、八雲が亡くなった。陰と陽でいうと、猫の八雲が陰で猫の十夜が陽である。八雲が〃一《い》三《さ》の猫〃で、十夜が十の夜だから〃又猫〃である。

この二匹の性格は全く逆で、十夜の方が人懐っこく、八雲は警戒心が強かった。天虎が十夜にシャーと言って椅子の下に隠れた時、天虎の目を見ると右目が赤く鬼の目になっており、左が普通の猫の目である。天虎は〃一《い》三《さ》の猫〃と〃又猫〃の二つの性格を持っている猫なのだろう。

天虎は三毛猫で、三毛猫は〃一《い》三《さ》の猫〃である。

天虎の耳は、獅子舞の様に耳が垂れている。耳が垂れている猫は賽《さい》の河原まで行ける力を持っている猫である。

時が来る時には、天虎は天神様の命《めい》を司っている猫であり、何らかの役割があるのかもしれない。

第三十三条件．車の式神である『獅子丸』は〝天童子《てんどうじ》〟

獅子丸は光明の奥さんの車の式神である。

獅子丸は、「先日洗車してくれたから、少しかゆみがとれてすっきりした。エンジン前方の右側が錆びてきているから、その錆びを取ってほしい」と言っていた。

光明が二十数年前に乗っていた白いスポーツカーは長年倉庫に眠っていたが、再び白龍の式神を付ける必要が出てきたため、最近、リニューアルさせて復活させた。

獅子丸は、「僕は踏ん張ったんだよ。白い車は動かなくなるし、エンジンもかからない状態だったけど、自分がエンジンがかからないで走り回れなかったら、ママを守る状態じゃなかったんだ。ママを守る力を得るために、必死で動き回って、四四〇（ししまる）というナンバーの車を近くに二台用意したんだよ。隣の家の新車と南向かいに駐車してあるトラクターだよ」と言った。

この意味は、式神である獅子丸がついている軽自動車は力を得るために、四四〇（ししまる）というナンバーの車を近くに二台用意して、その車から力を引っ張ってきたのである。

実際に、隣の家の新車のナンバーを確認すると、なんと四四〇（ししまる）であった。そして近くにいつも駐車してあるトラクターの前方のナンバーを確認すると、驚くことに四四〇（ししまる）であったのだ。

そのトラクターのナンバーはつい最近まで違うナンバーの八八〇であったが、獅子丸がそのトラクターのナンバーを四四〇（ししまる）に変えてもらうように、運転手の頭をちょっといじったという。トレーラーの運転手が四四〇（ししまる）のナンバーの車が運転しやすいように暗示をかけたということである。しかも、そのトラクターを獅子丸の化身とするために、自分がついている軽自動車と同様に、黄色いフォグランプをそのトレーラーのバンパーに付けさせたという。

獅子丸は、凄く自己主張が強くよくしゃべる式神である。

獅子丸は天童子《てんどうじ》であり、不動明王の足下に二人の童子がいるが、その一人が天童子《てんどうじ》である。天童子《てんどうじ》は、元々は人ではなく宇宙的な存在でプレアデスの星から来たという。

第三十四条件．賽《さい》の河原における猫の役目

今回、賽《さい》の河原における猫の役目について付け加える。

猫が龍の目を持ち、龍の力を持つといわれるのには理由がある。

猫が十二支として呼ばれた時、猫は子どもたちが賽《さい》の河原で石積みの修行をしているのを見て、可哀相だと思い助けた。一方、石の山を崩して遊んでいた猫もいたという。

そのため、両方の猫は賽《さい》の河原に取り残されてしまったことで十二支に入ることができなかったという。

龍が十二支の一つになった時、龍の動きが制限されて様々な場所に行けなくなるため、龍は猫と契約をして、自分の目を猫に与えることによって、様々な場所を見られるようにしたという。

一方、猫は龍との契約によって魂として色んな場所に行けるようになり、一《い》三《さ》の修行をして将来は人になり、さらに仏の道に進むことができるようになったという。

猫は、龍や麒麟という神と同じような役割をするという。

賽《さい》の河原には水子の霊が多い。その水子には親がおり、その親が悩んでいる時期に、賽《さい》の河原からそれを見ることができる。

例えば、その親が何か手助けを必要としている時、水子はその親が向上するために手助けすることができる。これは水子が自分の親を守る結界の役割をすることを意味する。

その水子は賽《さい》の河原の修行中であっても、自分の親を守る結界の役割を全うすれば、賽《さい》の河原で積み重ねる石が完成して修行が終了する。

その水子は次に猫として生まれ、自分の親が悩んでいる時に猫として現れて心の支えになるという。

次に猫の御魂は、今度は仏によって導かれて一《い》三《さ》の旅に出て、本当の仏の道に行くことができるという。

やがてその猫は招き猫などになり、人々に福を招くように働く。その役割を終えると、さらに次の修行を行って終えた時、人として生まれるか、それとも仏の道に進むかが決められるという。

一《い》三《さ》の旅の修行を経て仏の道に進む特別な猫がいるという。

第三十五条件．賽《さい》の河原で修行を終えた白龍と黒龍の違い

龍は神の使いであり、龍の誕生に関する秘話がある。

龍の誕生は、全てが賽《さい》の河原の石積みの神事に結びついているという。

賽《さい》の河原は修行の場であり、賽《さい》の河原での石積みは神事であるという。

多くの人は、賽《さい》の河原に行く目的は、水子の魂が石を積むためだと考える。しかし、それは違うという。水子の霊も含めて賽《さい》の河原に行った人の魂は、そこで魂の区分けがされる。これが大きな目的であるという。

賽《さい》の河原は水子だけを祀っているのではなく、そこに行った人は全員、一度子どもの魂に戻される。そして人生をやり直すために、最初に行うことが石積みの修行であるという。その人たちの魂は生前に冒《おか》した罪によって区分けされるという。

賽《さい》の河原に行く魂には、水子の魂、自殺した人の魂、罪を重ねた人の魂、重罪により死刑になった人の魂など、様々な魂が賽《さい》の河原に行って石積みの修行を行うのである。その修行によって、次に人として生まれてくるのか動物などに生まれてくるかが分けられるという。

犯罪を犯して人々を惑わした人の魂はすべて蛇として生まれるという。蛇として生まれ変わる理由は、その犯罪を犯した人の魂が危険であるから、悪い事ができないように手足がない蛇で生まれ変わるという。

龍には手足があり、これが龍と蛇の違いである。龍は神の所で修行をした神の使いである。

一方、この世界で、人を騙して人からお金をだまし取るなどの悪事をはたらいて死んだ後、その魂

が賽《さい》の河原で修行をして出て来た邪の魂が蛇なのだという。その中で正しい方向に変わっていくと白蛇になり、やがて白龍になる。その白龍は人にお金などが入ってくるように働く金運の神に変わっていくという。

龍が白龍と黒龍に別れる理由は、龍が正しい方向に変わっていくと白龍になる。

人を殺めたなどの重罪を背負って賽《さい》の河原で修行した人の魂が改心して正しい方向に変わり龍になるとき、白蛇からやがて黒龍になるという。

人を殺めた重い罪を持った人は、どんなに修行しても、まずは黒龍の道を行く。そして、その黒龍には自然を守る、自然と調和する様に人々に働きかける役割が与えられる。黒龍は人と関わればまた罪を犯すことがあるため、人と関わらないで自然だけに関与するという。

第三十六条件．賽《さい》の河原で修行を終えた白猫と黒猫の違い

賽《さい》の河原で修行を終えた魂の中で、軽い罪を冒して亡くなった人の魂は、人生をやり直すために白い猫に生まれ変わって人の前に現れるという。

この白猫が亡くなると一三の旅に出て、これからの自分の行く末を自由に選べる。次にまた人間で生まれることもできるし、自由に人々の前に行って見て歩きたいのであれば、招き猫などの姿となって人々の守りの神になれるという。

一方、自殺した人の魂は黒猫に生まれ変わる。この黒猫は〝猫又〟の意味であるが、虚空像菩薩の

目の届く範囲でしか行動できない。人々に幸運を与えるというより、人に寄り添いながらさらに修行をして、その結果如何《いかん》で次に生まれる時は黒猫か白猫に生まれる。

賽《さい》の河原で修行した龍、蛇、猫は同じように龍の目を持つ。

賽《さい》の河原の修行は、そのような仕組みになっていると伝えられた。

十二支を決める時に、本当は〝辰〟の部分に〝猫〟が入るはずだったという。そのため、龍の力を使う〝猫〟は〝辰〟である龍と同じ様な目をしているのだという。

猫と龍には、そういう因果なつながりがある。

第三十七条件．賽《さい》の河原で修行を終えた子どもはまず猫として生まれる

賽《さい》の河原で石を積んで修行を終えた子どもが妖精になる、あるいは猫に生まれ変わる場合がある。

賽《さい》の河原の子どもが猫として生まれるのも修行の一つであるという。

賽《さい》の河原の子どもは、いきなり人として生まれ変わることはなく、最初はこの世に猫として生まれるという。その証拠に、猫は用心深いが、これは賽《さい》の河原の子どもだった頃の記憶がまだ残っているからだという。

六．真実の歴史

第一条件．上杉謙信と武田信玄の出会い

上杉謙信と武田信玄の武勇伝はよく語られているが、今回の物語はその真実を語ったものである。信玄の顔は亡くなる時、人形の様な顔に変わっていた。複雑な事情があって信玄の顔があの様に変形したのである。

武田信玄と上杉謙信の二人が若い頃に山奥で修行している時、二人はばったり会って剣をまみえた。その時はお互い勝負がつかず、強い二人はすぐに打ち解けて無二の親友となって少年時代から青年時代を共に過ごした。

しかし彼らには、それぞれに秘密があった。

ある時、彼らはお互いの秘密を打ち明けあった。

信玄は、「実は、僕は武田信玄を名のっている。とある殿の後を継がなければならないが、それを見送っている」と打ち明けた。一方、謙信も、「実は僕も自分が守っている国の上杉謙信である」と打ち明けた。

彼らは話し合い、これからはお互いに自分の国を守ることになり、国同士が争いになることもあるだろう。その時には互いによく考えて、勝負はしても傷つかない様な方法でやることになった。

武器は持つが被害が及ぼさない木刀や竹の様なもので勝負を決めることにする。沢山の勝負が行われた中で、勝負がつかなかったといわれているのは、真剣を使わなかったからである。しかも、勝負は信玄と謙信の一騎打ちの形で行った。

その時、あくまで二人は敵対している様に見せつつ、お互いの国に被害が及ばない様にうまくやりながら、周りの国と戦っていることにしようと二人で決めていたのである。

第二条件．旅の僧侶から手渡された勾玉《まがたま》

ある時、信玄と謙信の二人が話をしている所に一人の僧侶が現れた。その僧侶は旅をしていて、「そちらにいる御仁は姫様ではないか？」と尋ねたが、「私は男であるから姫ではない」と答え、僧侶は「そうか。それならそれで良し」と納得した様子で二人のことを見ていた。二人はこれから先も友情を深めつつ、ある事を成し遂げなければならない運命にあった。

僧侶は「今はもう、其方が男でも女でもどちらでもよいが、我の持っているこの二つの玉を其方たちに預かってほしい。二人の友情の証《あかし》としてこの玉を受け取ってくれぬか」と頼んだ。

見ると、その玉は勾玉で、白と黒の二つで一対になっていた。

僧侶は、「これを友情の証《あかし》だと思って大切にしなさい。そうすれば、未来永劫其方たちの国は、たとえ見かけ上、二人が争っていても仲睦まじく最後を迎えることができるであろう」と語った。

それを聞いた謙信は、「あなた様はどなた様なのでしょう？」と尋ねると、「私は毘沙門天である。

私は旅をしている時に幼い頃の謙信と出会った」といい、その僧侶は信玄に、「謙信は実は女性なのである」と明かした。

それを聞いた信玄は「謙信が女性であろうがその様なことは全く問題がなく、我々はこれからも親友同士である」と驚きもせずに答えた。

実は上杉家には呪いがかけられていた。その呪いとは、謙信は必ず男として生きていかなければならず、もし女として生きるならば国を滅ぼされ、命も取られるという恐ろしいものであった。そのため、本当は女性でありながら男性を演じなければならなかったのである。

その呪いを祓《はら》うためには、ある場所に龍の宝玉を持って行かなければならなかったが、その地には呪いがかかっており、男でも生きて帰って来るのは難しかった。

女性の謙信一人では無理難題だったため、信玄が謙信と一緒に取りに行くことになったが、それが原因で信玄は体を蝕まれてしまうことになる。

信玄の「龍の宝玉はお前と俺との友情の証《あかし》だ」との言葉に謙信は感動し、後に二人は同時に出家して僧侶となった。僧侶ならば男も女もなく平等に付き合えるからである。

茨《いばら》の運命を背負いし二人は、今後事を成し遂げていくが、この二人の前に、やがて織田信長が現れるのであった。

第三条件．織田信長は契約の証《あかし》である勾玉《まがたま》を受け取る

ある日、織田信長が上杉謙信と武田信玄に会いに来た。

その目的は、刀八毘沙門天を名のる僧侶から預かっている勾玉を受け取るためであった。

彼らは、織田信長から「勾玉を渡してくれさえすれば、静かにここを守ることを誓う」と言われた。

実際、それから織田信長と一切の戦いがなかった。

〝信長〟の〝信〟、信玄の〝信〟、謙信の〝信〟、この三つの〝信〟は人を信じる心を表し、それは三種の神器と変わらない強い絆を示す。

信玄の〝玄〟は玄武の〝玄〟であり、〝玄〟は〝黒〟を表すため、信玄は黒を表す。そして上杉謙信の〝謙〟は〝何かをかわす〟という意味があり、〝黒〟がいつも近くにいて、〝黒〟をかわす色は〝白〟である。勾玉はお互いをかわす形で絡み合って一対になっている。信玄の〝玄〟が〝黒〟、それをかわすという意味の謙信の〝謙〟が〝白〟で、勾玉は白と黒で一対になっている。つまり、黒い勾玉は信玄であり、白い勾玉は謙信を表す。

二人が信長に会った時、それぞれの勾玉を一対にして、その勾玉を契約の証《あかし》として信長に渡したのである。

繰り返すが、信長の〝信〟、信玄の〝信〟、謙信の〝信〟で三つの〝信〟となり、これは人を信じる心を表す。これには、上杉謙信と武田信玄、そして織田信長の三人の関係において重要な意味が込められているのである。

第四条件．勾玉《まがたま》は諏訪湖に隠された

白と黒の二つの勾玉は諏訪湖に隠されたのである。諏訪湖には、ある時期だけ、恋人として会うことが許されるという伝説があり、二人の気持ちがそこで認められるというものである。有名な織姫と彦星の伝説はこれとつながっている。信玄と謙信は男と女としては結ばれないため、二人はお互いを認めるために出家して僧侶になった。

この件に関わっているのが毘沙門天である。謙信が毘沙門天を祀っていたことはよく知られているが、実は信玄も毘沙門天を祀っている。

信玄が祀っていた毘沙門天は刀八毘沙門天という。この神様は勝負運を司っているが、二人が出会っていた若い頃、二人の前に現れた僧侶の名前が刀八毘沙門天であった。

毘沙門天が人間の僧侶になり、吉祥天を探し歩いた時に、二人に勾玉を預けたのである。

刀八毘沙門天の姿は獅子に乗ったシヴァ神であり手が何本もある。

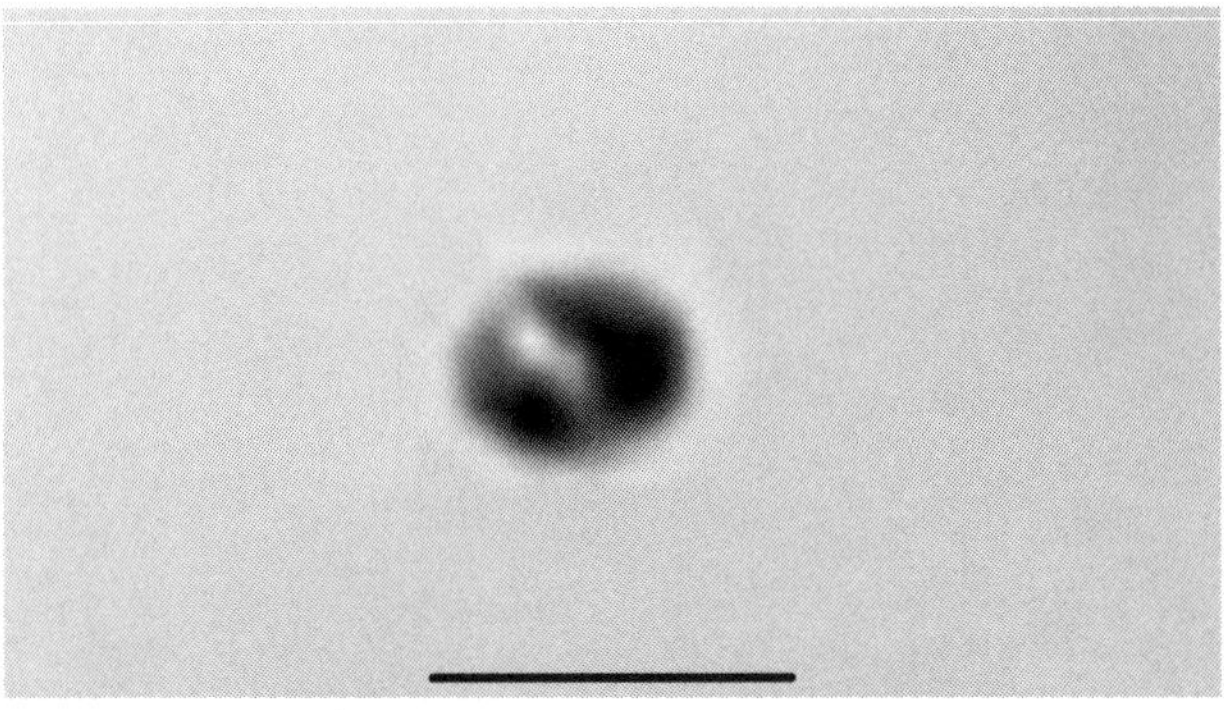

諏訪湖上空に現れた勾玉形の UFO

大威《だいい》徳《とく》明王《みょうおう》という神がいるが、この神は破壊のシヴァ神ともいわれ、毘沙門天の化身である。天部の戦いでは、毘沙門天は大威《だいい》徳《とく》明王《みょうおう》の姿であった。天部の戦いの後、さらに大威《だいい》徳《とく》明王《みょうおう》の姿も変えて、手が何本もある刀八毘沙門天になった。

信玄と謙信の隠された真実は、三種の神器、諏訪湖の織姫と彦星の伝説ともつながっている。信玄と謙信は愛し合っていたにもかかわらず、恋愛関係は認められなかった。国を守るために、二人は戦っているふりをしていた。そして友人でいるため、自分達の心を抑えるために僧侶になったのである。

第五条件．信玄が謙信を助けるために龍の宝玉を取りに行った

信玄は謙信を助けるために、謙信と共に危険な場所に龍の宝玉を取りに行った。そのお陰で謙信は助かったのだが、信玄は、龍の宝玉を取りに行ったことが原因で体を蝕まれ徐々に醜い姿に変わっていき、最後の時を迎えることになった。龍の宝玉を取りに行った場所は、魔が巣くっている森の中にあり、そこには何人たりとも近寄れない恐ろしい場所であった。当時の日本にはそういう場所があったらしく、天の声を聴いた者だけがそこに行けるとされていた。

信玄と謙信の二人はその天の声を聴いていた。

刀八毘沙門天から、そこには女性は行けないといわれていたので、謙信は男として戦をやらなければ国が滅んでしまうと思い悩む。それを見た信玄は、「もしそうなってしまったら、其方が女性とし

て生きて行ける様に、其方の代わりに龍の宝玉を取りに行く」と言った。その結果、信玄は痛手を負うことになってしまう。

謙信は、女であっても男でいることを最後まで止めなかった。それは、信玄と恋人ではなく親友でいたいという気持ちからであった。しかしそれは他人には絶対に知られてはならない秘密であった。

謙信は神の意志を受け、周りの人を従えて国を大きくしていったのである。

第六条件．信玄と謙信は三種の神器を使って八岐大蛇《やまたのおろち》を退治した

二人の前に現れた僧侶は、刀八と名乗る毘沙門天であった。

その僧侶が若き頃の彼らの前に現れた時、信玄と謙信の二人の間には子どもができていた。その僧侶はその子を預かって由緒ある家に預けた。

その僧侶は謙信に、「将来この子が天下を取れる様な立派な家に預けよう。そして、藤原氏の末裔である上杉家の呪いを解いてさしあげよう。十一代目の姫である其方が武将になり国を治め、諏訪湖に眠る八岐大蛇《やまたのおろち》なる悪の化身を退治しなさい」と伝えた。それを退治するのは一人の力では無理であり、もう一人唯一無二の友人の力を得て二人で退治しなければならなかった。

その時、謙信はその僧侶から三種の神器を授かった。その僧侶から手渡された一対の白と黒の勾玉の白の勾玉を謙信が持ち、黒の勾玉は誰かに持たせなさいと言われた。黒の勾玉を渡した相手がこの地を治める人物になるという。それは正に信玄であった。

僧侶は謙信に、「この三種の神器の鏡を用いて、信玄が八岐大蛇《やまたのおろち》を退治する相棒にふさわしいかを見極めなさい」と言って、三種の神器の鏡を謙信に預けたのである。

天叢雲剣《あまのむらくものつるぎ》は謙信が持っていた。謙信は信玄と共に戦いを挑み、見事に八岐大蛇《やまたのおろち》を倒すことができた。

しかし、信玄は八岐大蛇《やまたのおろち》の返り血を顔に浴びてしまい、その毒によって酷い傷を負ったことで、徐々に身体が冒されていったのである。

信玄は神の意志で動かされ、大師の命により今も居心地の良い場所にいる。

刀八と名のる僧侶は、その二人の間にできた子を預かり、その子が織田信長となり、謙信と信玄の二人の前に現れるのである。

その後、織田信長は三種の神器を回収し明智光秀に渡した。明智光秀は、真田幸村の十二神将の魂を持った忍者を含む家来を使い、徳川家康を滅することに成功したのである。

第七条件．八岐大蛇《やまたのおろち》を退治することで富士山の噴火を後送りにさせた

真田幸村が邪なる魂の徳川家康を滅することによって、明智光秀が用意した家康と瓜二つの影武者に入れ替えることに成功し、徳川家に三種の神器が伝わる歴史ができあがったのである。

次の三人が親子であるという事実を示す証《あかし》がある。信玄の〝信〟と謙信の〝信〟は信長の〝信〟である。刀八毘沙門天は、この三人には真実を伝えた。

刀八毘沙門天は、勾玉を含む三種の神器を二人に渡し、上杉家に伝わる呪いを解くために諏訪湖に潜む魔を退治するように告げた。

歴史では信玄と謙信の間は十歳近く離れているといわれているが、一国の主をつくらねばならなかった時、女性を男装させるとかなり若く見える。本当は信玄と同じ年、若しくは信玄より謙信の方が一つか二つ上だったかも知れない。子どもを作った時は謙信と信玄は十五歳または十六歳であったので、その時に生まれた子どもが信長だった。このことを知られてはならないため、毘沙門天の使いである僧侶がそれを隠し、旅に出ることになった。

その僧侶は、「我はこれからはずっと龍姫を探す旅に出る。其方たちの姿があまりにも哀れで仏と神の間に挟まった運命を背負っているからこそ、我はこの三種の神器をお前たちに託す。これを使って呪いを解きなさい」と語った。

そのため、二人は毘沙門天の異名である〝風林火山〟を掲げて戦った。〝風林火山〟の意味は、〝風〟が一二〝ひふ〟で、その〝二《ふ》〟が、二人の御魂を現し、〝林〟は〝輪〟で、木が二つなので二つが一つの〝輪〟になることを意味し、〝火山〟が富士山の噴火を意味するという。

〝風林火山〟は、〝二人の絆が富士山の噴火を阻止するが、絆がなくなれば噴火が起こる〟ことを意味するのである。

つまり二人の強い絆で富士山の噴火を後送りにさせるために結界を張ることを意味する。これにより江戸時代まで富士山の噴火が一時止まっていた。

平安時代から江戸時代まで富士山が一度も噴火しなかったのは、そういういきさつがあったからだという。

謙信と信玄の出会いから信長の話までの一つの真実の歴史のストーリーがあったのである。

第八条件．上杉家にかけられた呪い

諏訪湖には一つの神にまつわる伝説がある。

他にも様々な伝説があるが、これが真実の伝説である。

残された他の伝説は、これが本当の伝説につながる道標《みちしるべ》として存在し、それに辿り着いて、その先を見た者は真実を知ることができる。

ここで述べられているそれぞれの場所には、実際に神社や仏像があり、真実を裏付ける証拠が存在している。

松原諏訪神社には弁財天神社があるが、昔、その神社の前で二人の若者、つまり姫と侍が出会い恋に落ちた。当時は神仏に寄り添った時代で、悪しき力の影響を受けていた藤原氏は桓武天皇の妹である姫をそそのかし、その姫は禁断の果実を囓《かじ》ってしまった。

その罪として、神仏は、藤原家の十一代後の子孫に神の罰を下すことを決めたのである。その世代の藤原家は、上杉家という名前に変わっていた。つまり、禁断の果実を齧《かじ》った頃は藤原であったが、十一代後の子孫の名前は上杉であった。

その上杉にまつわる十一代目の神の裁きは次の様であった。

その時代は侍の時代であったから、女性が男性の上に立つことはできなかった。そこで、その当時の人達は女性に男装させて当主とした。それが謙信の正体である。このことは生涯通して他の人には知られてはならなかった。それが世に知れた場合は世に災いが及ぶため、もしこのことが知られてしまった場合は、諏訪湖に住む八岐大蛇《やまたのおろち》を退治しなければならなかった。もし退治しなければ龍道が塞がり、富士山が噴火して周辺にいる全ての民に被害が及び、大多数の人命を犠牲にすることになるからであった。

第九条件．姫は男となり上杉謙信と名を変えた

そこで姫は男となり、名前を上杉謙信と変え、その上杉謙信という名を広く轟《とどろ》かせることになった。その時、富士山の周りの甲斐の国（現在の山梨県）の将として、武田信玄が当主になっていた。当時二つの国は何度か戦をしていた。

ある時、信玄と謙信の二人が直接剣を交える機会があった。信玄が謙信を斬ろうとした瞬間、謙信と名のる若者は実は自分が昔愛した姫であることに気づいたのである。

信玄はたいそう驚き、なぜ姫が男の恰好をして戦に出ているのかと不思議に思い、謙信の男装が周囲に知れることになってしまったが、これには秘話があった。

第十条件．刀八毘沙門天は信玄と謙信の間にできた子を預かった

若い頃二人が愛し合っているうちに子どもができた。

二人が思い悩んでいる時、一人の僧侶が現れた。それが刀八と名乗る僧侶であった。その僧侶が二人に、「どうしたのだ、何があったのだ」と尋ね、二人から話を聞いた。

実は子どもができてしまい困っているという話を聞いた刀八と名のる僧侶は、私に任せなさいと言い、お腹に手を当てて光を出し、そこから一人の男の子を取り上げた。

そして、その僧侶は、「其方たちはこの子を育てることはまだできないから、とある由緒ある家に預けて生涯を保証しよう」と二人に提案した。

さらにその僧侶は、「この先其方たちには一つの試練が与えられる。それは、二人はこれから別れて生活しなければならないが、決して争ってはならない。信じる心を忘れないで突き進むと、人々のためになり世のためにもなるのだ。それを忘れずに先に進むがよい。我はこれからこの子をある人に渡した後、我は神に言い伝えられた姫を探す旅に出なければならない。今言ったことを必ず心に刻み込んで、私の名前を忘れてはならない」と言った瞬間、その僧侶の姿が変わり、「我は毘沙門天なり」と言い、自分の身分を明かしたのである。

毘沙門天は、吉祥天の御魂を探して旅をしている最中に二人に出会ったのである。

第十一条件．白い狐が姫になり八岐大蛇《やまたのおろち》を退治する方法を授けた

毘沙門天が「私の名前を忘れるな」と語り立ち去った後、信玄と謙信は自分の軍神として毘沙門天を手厚く祀ったのである。

それが〝刀八毘沙門天〟である。刀八というのはその僧侶の名前であった。

話は一つ前に戻るが、二人の関係が周囲に知られることとなってしまったが、彼らが密会していた松原諏訪神社の中には弁財天神社がある。ここで二人は密会を繰り返していた。

以前、謙信が悩んで頭を抱えている時に毘沙門天に助けられ、「何か悩みがある時にはこの地を訪れるがよい。その悩みを解決する策を授ける人物が現れてお前たちを守ってくれるだろう」と言われたことを思い出した。

謙信がその地に行くと、そこに白い狐が現れ、その白い狐が一人の姫に変わった。その姫は悩んでいる謙信に、「どうしたのだ、そなたはなぜ男の姿をしているのか、どうして悩んでいるのだ」と聞いた。

謙信はその姫に、「ある理由で私に呪いがかかり、これから富士山が噴火して大地震が起こるので、八岐大蛇《やまたのおろち》を倒さなければならない」と伝えた。

その姫は謙信に、「その魔を倒すには神の力を持って戦わないと倒せない。その力を今そなたに授ける。ここに今集めて来た三種の神器がある。この三種の神器の使い方を教える。まずこの剣は八《や》岐大蛇《またのおろち》を殺すのに使うが、その方法は、首と尻尾を同時に切り落とさなければならない。そして首は、神の剣でしか切り落とせない。それが三種の神器の剣になる。もう一つの尻尾を切り落とすには二人

いなければならない。其方は生涯における相棒や親友を探し出し、この三種の神器の鏡にその者の姿を映し出し、その時に鏡に映らない者こそが神の意志に仕える者だ。その者が現れた時に勾玉を二つに分けて、そなたが白の勾玉、相手に黒の勾玉を与えなさい。その勾玉の力を使って同時に攻撃をすると八岐大蛇《やまたのおろち》を葬ることができる。しかし、まずはその人を探さなければならない。八岐大蛇《やまたのおろち》を退治するにはその人が必要だ」と言った。

その時にもう一つの影が現れた。それは信玄であった。姫に気付いた信玄が、毘沙門天に言われた言葉を思い出しその地を訪れていたのだ。信玄と謙信はそこで会ってお互いがこの地で毘沙門天に言われた通りに、何か問題があればここに来るがよいと言う助け人が現れるといわれていたのを信じていたのであった。

信玄を三種の神器の鏡に映すと、その鏡の中に信玄の姿は映らなかった。謙信は、親友と呼べる関係よりも恋人として過ごした日々が全てであった。それこそが真実である。今、自分が生きている人生は偽りで作られた人生。姫で生きることを許されなかった偽りの人生であったことに気がついた。

本物の自分に帰ることで神の力を使えるのだと確信し、信玄にその力を貸してもらうことを頼み、八岐大蛇《やまたのおろち》に戦いを挑むことを伝えた。そして、黒い勾玉を信玄に渡し、白い勾玉は謙信が持ち戦いを挑むのである。

白狐の姫は、「その三種の神器を使っても八岐大蛇《やまたのおろち》を倒せるとは限らない。其方たちの絆が全てだと。其方たちの絆によって力が倍増し今を上回る力が生まれると、八岐大蛇《やまたのおろち》を葬ることができる。しかしそれは運でもあるが」と言って送り出した。

第十二条件．八岐大蛇《やまたのおろち》の返り血を浴びた信玄は体が蝕《むしば》まれていった

八岐大蛇《やまたのおろち》と二人との戦いが始まった。

二人は苦戦の末に、八岐大蛇《やまたのおろち》を斬って倒すことができたが、信玄は、八岐大蛇《やまたのおろち》の呪いの返り血を浴びてしまった。それによって、信玄の体が段々と蝕《むしば》まれて行ったのである。

信玄が死ぬ間際に、信長が二人の前に現れ、「実は神の命により三種の神器を取りに参った」と言った。

信長は信玄に、「あなた方は、私を陰で支えてくれて、私を守ってくれたその人だったのですね」と言って、その三種の神器を受け取り、明智光秀に渡した。また、信長は「時が来るまで、この三種の神器は、私の友人に渡して預かってもらう。私は一緒にいられないが、陰からあなた方を見ていますから、離れ離れでもお互いを信じましょう」と言って去って行ったのである。

その後、信玄は六十三歳で亡くなった。それから九年ほど経って謙信も亡くなるが、謙信がトイレの中で亡くなったという伝説がある。

その伝説は真実ではなく、二人の思い出の場所の松原諏訪神社の中にある弁財天の神社の前で静かにその命を終えたというのが真実である。

この物語は信長の〝信〟、信玄の〝信〟、そして謙信の〝信〟の三つの〝信〟が鍵となっている。三つの〝信〟は、信じて信頼する、しかも真実の真という意味でもある。嘘で固められてはいたが、この物語は、人を導き、人を守るための真実の物語である。

人を守るために、龍の力によって富士山の噴火を先送りさせた。そうしなければ大噴火が起き世は大混乱に陥っていただろう。

織田信長の天下統一が遅れたものの、龍の力のお陰で天下統一が滞りなく行われた。

この二人が、神の意志に沿い、神の命を受けて事を成し遂げたことが重要である。因みに黒の勾玉を持った信玄の〝玄〟は〝黒い〟という意味がある。そして謙信の〝謙〟という文字の意味は、〝黒い色を避ける白〟を意味するのである。つまり、勾玉の白と黒の力というのは、おのずから彼らが扱う様に仕組まれていたということになる。

第十三条件．風林火山とは、二人の絆が富士山の噴火を止めることを意味する

武田信玄が掲げた〝風林火山〟の意味を馬鹿羅《ばから》で解くと、謙信と信玄二人の戒めの言葉になる。〝風林〟の〝風〟は、〝一、二、三（ひい、ふう、みい）〟の二《ふう》で、〝風林〟の〝林〟は、〝輪《りん》〟を表す。〝火山〟は〝富士山の噴火〟を表す。

それらが意味する事は、〝二人の強い絆が富士山の噴火を止める〟という意味である。もし二人の絆をなくしてしまえば、噴火が起こるであろう。

それゆえ両者の戦いは仕組まれた戦いであって殺し合うつもりがない戦いであった。これまで、この二人の悲しい物語は真実を曲げて伝えられているのである。

第十四条件．〃嘘も通せば真実になる〃、真実だけでは人々を救えない

白狐が現れた諏訪湖の真ん中に、白狐を祀る神社がある。その中に聖徳太子が祀られている。本当は弘法大師が祀られる所に聖徳太子が祀られていることは、それは変えられた真実といえる。

大師の〃嘘も通せば真実になる〃という言葉は、信玄と謙信の二人に当てはまる言葉である。人を救うためには、全くの真実だけでは人々を救えないこともある。嘘を真実であると通して人々を導くことも、時には必要であることをいっているのである。

そういう神の戒めが信玄と謙信の人生の中にある。

そして諏訪湖の言い伝えもまた同様である。織姫と彦星の伝説で、離れ離れになった織姫と彦星が七月七日の七夕の日だけに会えるという物語である。

こういう言い伝えがある様に、この現象は時空を超えて繰り返されているのである。神々が時空を超えることで、一つのテーマが形を変えて各時代によって繰り返されている。そういう時代には必ず転換期が訪れるのである。

今までの歴史の中でターニングポイントは何度かあり、その中には、事実を語るために、このような秘話が隠されているのである。

第十五条件．八岐大蛇《やまたのおろち》を退治した方法

信玄が八岐大蛇《やまたのおろち》を退治するにあたって、刀八と名のる僧侶から「首と尻尾を同時に切り落とさなければならない」と忠告を受けていた。

その時に使ったのが天叢雲剣《あめのむらくものつるぎ》という三種の神器の一つである。この剣は一本しかないのにどうやって一度に首と尻尾を切り落としたのかという疑問が残るが、実は尻尾を切り落としたのは天叢雲剣《あめのむらくものつるぎ》ではない。

八岐大蛇《やまたのおろち》の尻尾は、もう一つの黒の勾玉の力の証を持った信玄が自分の剣で尻尾を斬り、首は白の勾玉を持った謙信が神の剣で切り落としたのである。

黒の勾玉を持ったのは信玄で、勾玉の力を得て謙信の剣と信玄の剣が一つになった。その一つが神の剣であるが、ここで勾玉の力が発生すると同時に神の鉄槌が下された。要するに一対の勾玉が黒と白の二つの力に割れたということである。

第十六条件．三種の神器は織田信長から明智光秀に渡り、家康の影武者に渡った

織田信長は明智光秀の導きにより、バチカンに渡り、違う十字架の元に両親の御魂を供養したのである。信長は、本当は心優しい人だったのである。そして三種の神器は信長から明智光秀に渡り、光秀から徳川家に渡った。

その一部始終を見ていた豊臣秀吉は、信長と光秀から「見ざる、聞かざる、言わざる」という条件を突きつけられた。

秀吉は秘密を知って、裏切ろうとしていたのだが、信長と光秀は、秀吉の裏切りを許す代わりに、お前は一生懸命にやってくれたから天下を取らせる。ただし、天下をとるのは其方の一代限りであるという条件を突きつけたのであった。

第十七条件．信玄と謙信の二人の絆を語った八重垣姫の恋の物語

ところで、諏訪湖の真ん中にある諏訪湖の公園には八重垣姫の仏像がある。

八重垣姫は謙信の血筋の妹ともいえる姫である。伝わっている伝説は、武田信玄の息子である武田勝頼《かつより》と八重垣姫との恋を物語っているのだが、この伝説は、信玄と謙信が成し得なかった夢物語を語ったものである。

女装をしたのは、本当は信玄の息子である勝頼《かつより》であった。武田家の兜《かぶと》を取りに行くために花売り娘の恰好をすることで、諏訪湖から逃げることができたという内容が実際に残っている伝説である。

本来、信玄と謙信の二人はこういう結末になりたかったのだ。

信玄と謙信は敵同士であったが、潜入して狐の導きにより二人は会うことになっていた。

息子であるとか娘であるとかは関係なく、若き頃の自分らのことを二人に託すため二人が結ばれる結末を考えて実現させた。

しかし結ばれなかった信玄と謙信は、僧侶の道に進むことになる。

第十八条件．信玄と謙信を導いた白狐は皐姫《さつきひめ》

何かの転換期で世の中の変化を統一しなければならない時期であったが、その時期が富士山の噴火と重なってしまった。それをかわすため、毘沙門天の神事が行われた。八岐大蛇《やまたのおろち》を倒して龍道を開き、諏訪湖が重要な役割を満たすための神事であった。

毘沙門天が出てきて、未来のために信玄と謙信の二人を助けたが、こうすることは罪でもあった。それは神に逆らった藤原家の罪でもあった。

一番感動を覚える点は、その時に白狐が現れて二人を導いたことである。

その白狐の姫は誰かと言えば、金剛夜叉様でもある皐姫《さつきひめ》であった。

皐姫《さつきひめ》の法力で三種の神器を集めることができたのは、皐姫《さつきひめ》が、父である平将門公から受け継いだ三種の神器の隠し場所を知っていたからであった。皐姫《さつきひめ》は諏訪湖に勾玉を隠し、その勾玉の力をかりて諏訪湖の悪の化身である八岐大蛇《やまたのおろち》を封じ込めたのである。

第十九条件．日本三大怨霊が鏡面反転したできごとが信玄と謙信の物語

悪魔を封じ込め、物事を変えるタイミングには三種の神器が必要であることを述べているが、それは神が世に伝えるものであり、今までこの事実は世に伝えられてはいなかった。

三種の神器は神のみが使える霊的な装置であり、三種類すべて揃ってこそ、その機能を果たすことができるのである。そして、白狐の後ろには聖徳太子がいたと書かれているが、〝大師全て一人なり〟であり、実は、この物語の影には弘法大師がいたことを物語るのである。

この八重垣姫の物語は嘘を真実に変える話であり、登場人物自らが歴史を偽り、最後までその偽りの歴史を突き通すという、実に悲しい物語なのである。

この物語が日本三大怨霊と異なるのは、日本三大怨霊は三つの呪いであると伝えられているにもかかわらず、三人とも神として祀られていることである。

第二十条件．光の民が我々に伝えたかったこと

光の民が我々に伝えたいことは次のことである。

日本三大怨霊が鏡面反転したできごとがこの物語なのである。三大怨霊というのは菅原道真公、平将門公、崇徳天皇であり、誤解を招いて日本三大怨霊とされているが、実は怨霊などではない。

信玄と謙信の二人の関係には真実が隠されているが、実は史実では伝えられない事実があって、そ

れが哀しい物語に隠された男女の関係である。そしてこの二人と織田信長とは親子の関係であることも知らされていない。

そして、織田信長が晩年、バチカンに行ってキリストの十字架を祀ったと光の民から伝えられている。それもキリスト教の十字架ではなく北辰信仰の十字架を祀ることによって、神の意志により十字架を通して両親の冥福を祈ったのである。

〝神それ一つなり〟という文言がここにつながってくる。

全てが鏡面反転のできごとであり、彼らには悲しい過去が隠されているのである。そこに関与したのが大龍王となった弘法大師と白狐として現れた皐姫《さつきひめ》であった。

第二十一条件．白狐の皐姫《さつきひめ》

皐姫《さつきひめ》は、青龍の時空を操る力である〝虹の力〟を持つ善如龍王《ぜんにょりゅうおう》の生まれ変わりである。ある僧侶が十和田湖の九頭龍を退治したという伝説があるが、皐姫《さつきひめ》は、三種の神器の鏡を十和田湖に隠していた。

その時は、神の篩《ふるい》の時でもあった。

この地では天部の戦いがあり、それが十和田湖の伝説につながっていると思われる。実際には皐姫《さつきひめ》が生まれた時よりも遥か昔の神々の太古の物語とつながっているのだ。

これらのつながりをひもとくと、時代や時空で考えるのは全て無駄なことである。何故なら皐姫《さつきひめ》の力は時空を超えて、全てをつなぐことができる〝虹の力〟を持つからである。
皐姫《さつきひめ》は、今も我々の時代とつながって、我々の世を見ているのである。

第二十二条件．八重垣姫《やえがきひめ》は若い頃の上杉謙信

諏訪湖に伝わる伝説の八重垣姫《やえがきひめ》は、実は、謙信の若き頃の姿だったと言われている。それはまだ当主になる前の少女の頃である。そこへ家を飛び出した不良の侍である若き頃の信玄と愛し合って子どもができた。

このことは八重垣姫《やえがきひめ》の周りにいる身内や家臣だけが知っており、このまま放っておけば信玄に知れて殺されてしまうと危惧していた。

信玄を逃がすために自分の国である甲斐の国（現在の山梨県）に帰そうとして、八重垣姫《やえがきひめ》が狐のお面をかぶって船頭に化け、船に菜種を沢山積んで、付き人たちは歌を歌いながら花を売る花売りの娘に化けた。そしてその中に女装をした信玄が入って、諏訪湖を渡して帰した。

信玄は山梨県で、謙信は諏訪湖の向こう側にあった。当時はそこが上杉家の領土になっていたのだが、戦いで武田家に奪われてしまった。いずれにせよ、信玄と謙信の領地は隣り合っていたので非常に危険であった。その当時は諏訪湖が境界線の様なものになっていたのである。そのため、怪しまれない様に狐のお面をかぶってそこを渡って行った。

関所では、信玄は、顔をやけどしているからと、狐のお面をかぶって声だけ出して何とかお願いし

ますと言ったが、番所の侍にとがめられた時に、私は女ですが、顔が焼け爛れて見せる訳にはいきません、申し訳ありませんと言った。「確かに声は女だ、男ではないから通ってよし」と言われて通してもらった。

これは子どもができた頃の話であるから、また後に会っている。一度帰ったが、戦いの中、謙信に会っていたと思われる。それは謙信が十三、十四歳の頃であった。子どもができるまで二人はお忍びで会っていたのである。

そして子どもが生まれると、二人の子どもである信長を刀八毘沙門天という僧侶に預けた。その後、戦いまで二人は会っておらず、信玄はそこで謙信と別れてしまった。

第二十三条件．刀八毘沙門天が二人の間にできた子をあずかった

刀八毘沙門天は、二人が湖を通りかかった時に、謙信と信玄は子どもをどうすればよいのかと悩んでいたため、その子どもは私の方で引き受けて、由緒ある家を知っているからその家に預けて、手厚く育ててもらうから安心しなさいと言って二人を助けた。

逃げている最中に刀八毘沙門天と出会ったのであった。刀八毘沙門天は、何かあった時、悩みごとがあった時、ここに来てお願いすれば、我が祀っている毘沙門天の力により、お前達は守られるであろうと語った。

信玄と謙信が一対一の勝負で直接対決した時、二人はお互いの顔を見て、お互いの正体が分かって

しまったのである。その後、謙信は神の裁きにより家系に呪縛がかかっているという事情を信玄に話すことになる。

二人は、弁財天神社は諏訪湖にある諏訪神社で願掛けし、八《や》岐《またの》大蛇《おろち》の首と尻尾を同時に切り落として退治したのである。

第二十四条件．武田信玄の掲げた〝風林火山〟の意味

富士山は平安時代ごろから何度か噴火し、火山灰が降って作物が取れなくなり、飢餓状態に陥った。富士山の火山活動は続いており、その当時、いつ噴火してもおかしくないといわれていた。謙信と信玄が八《や》岐《またの》大蛇《おろち》を退治したことによって、噴火を江戸時代まで延ばすことができた。そして江戸時代に噴火が起き、天平の大飢饉が発生した。

風林火山は、〝風〟で〝林〟を作って富士山の噴火を止めたといわれる。それは神の戒めの言葉として旗印にした。信玄が背負うものが非常に大きかったことを物語る。

二人は、周りにいる人達の生活どころか人間そのものを一気に焼き尽くされない様に、神の意志に従っていた。しかしその時の時代は、男尊女卑であり、一国の主が女性であることは絶対にあり得なかった。そのため女であることを隠して、神には女性の姿を見せて、戦いに出る時だけは男の姿になっていた。

謙信が信玄に事情を話し信玄はそれに協力すると言い、二人の愛はそこで神の意志に従って封印さ

れた。

通りかかった僧侶である刀八毘沙門天が見て、二人の本質と生き方を見抜いた。「其方たちは神に哀しいものを背負わされたが、其方たちの愛をより強くするために、二人の絆を人に知られることなく、心を強く持つことを誓うのであれば、白と黒の勾玉を授けよう。其方たちはこれに誓いをたて運命に従いなさい」と語った。

彼らは神の意志に従い、八岐大蛇《やまたのおろち》を封じ込めた後に勾玉を諏訪湖に沈めた。その後、富士山の噴火が止まったのである。

第二十五条件．信玄の〝信〟、謙信の〝信〟、信長の〝信〟という〝三つの信〟に隠された秘密

信玄と謙信の間に子どもがいて、その子は成長して織田信長になった。

信長の〝信〟という字は二人の名前から取った。これには北辰信仰の北の守り神である毘沙門天が関わっていた。信長がその地位に昇りつめるにはそれなりの後ろ盾がないと成し遂げることはできなかった。

信玄の〝信〟、謙信の〝信〟、信長の〝信〟という三つの〝信〟に隠された秘密がある。事を進めるために敢えて織田家に養子に出した。信長は、当然、毘沙門天から信玄と共に未来のことを聞いているはずであり、信玄と謙信には手を出せないし、目立ったこともできない。

信長はある程度事を成した後は政治や天下統一に興味がなくなってしまった。そしてキリスト教に傾倒してバチカンに行ってしまった。それは、信長は自分の両親の哀しさを知っていて、自分が供養したいと思っていたからである。

ここからが大切なことで、信長は両親の供養を日本ではできなかったということである。北辰信仰の十字架とは違う十字架であっても、信長は十字架の元に私はおりますという内容が人に向けたメッセージではないだろうか。だから、織田信長が本能寺の変で最後に言ったとされる言葉が〝是非に及ばず〟であったのだ。〝是非に及ばず〟とは、当否や善悪をあれこれ論じるまでもなく、そうするしか方法がないという意味である。この言葉はひょっとすると信玄と謙信のことに対してであったのかも知れない。

第二十六条件．裏切りの血である藤原家の流れをくむ上杉家の呪い

謙信の先祖は藤原家であり、藤原家は天皇家の豪族で、飛鳥時代から存在しており、神に寄り添った時代もあった。そして、姫に囁《ささや》いた悪魔というのは、トカゲ人間と取引していた藤原氏で、藤原氏は害になるものと取引していた貴族であった。光の民から裁きを受け、十一代目の子孫に当たる子どもが謙信で、その国の武将は女性でなければならないという呪いがかけられた。

その子は自分の無二の友と一緒に、諏訪湖で八岐大蛇《やまたのおろち》を退治しなければならなかったが、そこに毘沙門天から貰った勾玉の力により八岐大蛇《やまたのおろち》を退治したことで富士山の噴火と子孫の繁栄は許され

たのである。

謙信は信玄と一緒に、八《や》岐《またの》大蛇《おろち》がいる場所に行って戦う事になったが、その時、信玄が謙信をかばったことで顔に一撃を受け、顔に返り血を浴びて大きな痛手を負った。

当時、藤原家や昔の公家などは悪事ばかり働いていた。昔の公家は暗躍ばかりしていたが、実は藤原氏も悪に支配されていた。

最澄もリトルグレーから力を借りていたという。そのため、当時から権力が二極分化していた。つまり、その時から既に、人間を介した物質的な邪なる存在と、半物質的な光の戦いがあったのである。刀八毘沙門天と名のる僧侶から授けられた一対の勾玉と三種の神器の一つである天叢《あめのむら》雲《くもの》剣《つるぎ》で、リトルグレーの言いなりになる悪の化身である八《や》岐《またの》大蛇《おろち》を退治したのである。それにより、上杉家の将来は安泰、富士山の噴火も先送りすることができた。

その三種の神器の鏡を持って来たのは弁財天である。謙信はトイレで謎の死を遂げたと言われている。トイレを守る神様は弁財天であり、鏡を弁財天に返し、そこでもうやり遂げたと伝えた。謙信は寿命が尽きようとした時に、これはお返ししますと言って三種の神器の鏡を弁財天に手渡したのである。

沙加羅《さから》龍王《りゅうおう》の娘である三姉妹の中で、排泄物で生命のサイクルを司る空間を預かっているのが弁財天である。

謙信はトイレで死んだのではなかった。信玄が亡くなった年に二人が出会った場所は山の大地であって、自分が亡くなった時、土に戻ったら自分の体が肥料になって大地の栄養になる。それは誕生する場所と生命のより良きサイクル、生命の繰り返しを表している。

第二十七条件．二人の子供が織田信長である理由

信玄と謙信の年齢は九歳離れている。その当時織田信長が何歳だったかというと、謙信よりも四歳下であった。そこで信長との親子の関係が消滅する感じがするが、その当時、謙信は姫として生まれたが、後に男として当主になっている。

男装させると実年齢より相当若く見えたため、年を四歳下げていた。だから若い頃に恋をして、十三歳か十四歳の時に出来た子どもが信長である。年齢を下にすることによって様々なことを隠したということである。

そして生まれたその子は、旅の刀八毘沙門天と名のる僧侶が預かって、時が来た時にその僧侶に会いに行った。お前達と同じ文字を取った名前にするので、会いに来る時に分かる様にするからと言って連れて行ったのが僧侶が刀八を名のった毘沙門天であった。

刀八毘沙門天と名のる僧侶は、織田信長を連れて北辰信仰のきちんとした地位がある家に養子に出し、息子として将来の覇王として育てた。その様な歴史が隠されているのである。

第二十八条件．〝風林火山〟は二人に対する戒めとメッセージ

諏訪湖で二人が力を合わせて八岐大蛇《やまたのおろち》に戦いを挑んだが、信玄が謙信の盾になって、八岐大蛇《やまたのおろち》の毒である返り血を浴びてしまった。

それを隠した文言が実は、「二人共心に沁《し》みる〝風林火山〟の言葉に値する」である。

〝風〟は二人を表す。つまり、風（ふう）は一《ひ》、二《ふ》、三《み》の〝二《ふ》〟で二人を表す。〝林〟は二本の木が寄り添う絆を意味し、二人の縁は火山の噴火を止めるためのものであり、これは隠されたものであって、風林火山の真実の意味は世には出てはいけないものであった。信玄がこの風林火山を掲げて戦ったのは、二人に対する戒めであり、メッセージでもあったのである。

藤原家の十一代先の子孫に当たる当主は男性でなければならない。しかも諏訪湖の八岐大蛇《やまたのおろち》と戦わなければならない。そのために毘沙門天は、「その魔を倒すのには三種の神器が必要である。それを其方に預ける」と語り謙信に預けた。

そして「時が来れば、これは北辰信仰で必要となるから大切に扱い、間違いなくお告げの通りに倒せば富士山の噴火が止まって其方の罪も、其方の一家の罪も無くなるであろう。そして其方たちが隠していた息子は私が預かってきちんとした家で育てる。いずれ其方たちの所に現れた時にそれを話すがよい」と語って去っていった。

第二十九条件．平将門公の影武者と光の民のハイテク・シールド技術

北の聖地に皐姫《さつきひめ》の慰神碑が建ち、慰神碑にある石碑には、平将門公と義兄弟である藤原秀《ひで》郷《さと》公《こう》、村岡五郎公もお祀りしている。そのことにより、平将門公は、今まで離れていた義兄弟である藤原秀《ひで》郷《さと》公《こう》、村岡五郎公とも一緒になれることができた。

平将門公と藤原秀《ひで》郷《さと》公《こう》、村岡五郎公の三人が、光明の前に現れて、「我々はようやく落ち着いて休むことができるようになった」と、そのお礼に計画の真実を話してくれた。

皐姫《さつきひめ》も平将門公、藤原秀《ひで》郷《さと》公《こう》、村岡五郎公も、光の民の計画の下で行動していたという。そこには光の民の力添えがあり、光の民の法力を使っていたという。

これらの光の民の法力とは宇宙的な力である。

宇宙的な力とは、霊的な力ではなく、それは宇宙的なテクノロジーであったという。

平将門公は、世話になったので次の真実を教えると光明に語った。

次のことは衝撃的な話であるが、敢えてこの玄天経典第三巻に記載することにした。

平将門公は、光の民と接触し、光の民の命により動き、宇宙の最高神である梵天の力のもとで事を成していたという。

東京都江戸川区の徳川家の先祖がいる場所の近くに弘法大師由来の寺が三つあり、そのすぐ近くに水天宮がある。そこに住んでいた水神が梵天の使いであったという。その水天宮の水神は、宇宙的な力である法力を使い、今で言う整形手術をするのが得意な神であったという。

飢饉になって困った時、平将門公は梵天からメッセージを受けて一つの計画を立てたという。

光明が龍角寺の祠を撮影したときに首が映し出されたが、平将門公は、あれは自分の影武者であると語った。

京の都でさらし首になった将門公の首は、何ヵ月も腐ることなく笑ったり話をしたりしたと伝えられているが、それには理由があるという。

将門公は、自分も影武者も両方とも死んだわけではなく、実は、さらし首になった将門公の首は、本物の首ではなく、水神のテクノロジーで作られた首のロボットのようなものであったという。

光の民のテクノロジーで作られたロボットであったので、腐ることもなく話をすることができたのである。

その当時の人々がそれを見ても将門公の首であるとしか思えないであろう。

一方、平将門公は、その後、東京都江戸川区の徳川家の先祖がいる場所の近くに大師由来の寺の僧侶になって生涯を送ったという。

元々、大師由来の寺は一つの大きな寺であったが、当時、平安時代に寺を三つに分けて、三種の神器を取りあえず隠して、東京都千代田区大手町にある平将門公の首塚に三種の神器の勾玉の本体を隠したという。戦後、米軍が平将門公の首塚に手を加えようとしたとき、触れてはいけない物に触れてしまい、大きな事故が起きたのであろう。なぜなら、そこに、光の民のアイテムである三種の神器の勾玉が納めてあったからである。

諏訪湖と平将門公の首塚の二ヵ所に納めてある勾玉が一つになるとき、次元の鍵が開くという。その次元の扉が開く時期は、二〇二二年七月十五日に北の聖地で〝天上夢幻の神事〟を行った時に全ての龍道がつながって動き出すという。

大師由来の寺には、梵天の指示によって安徳天皇もその寺に迎え入れ、安徳天皇の血筋の子供が徳川家康の影武者になったという。徳川家康の影武者の顔は、水神のテクノロジーであるシールド技術などによって徳川家康と見た目をそっくりにされたという。

第三十条件．皐姫《さつきひめ》には影武者がいた

史実の資料などでは、平将門公の娘である皐姫《さつきひめ》は三姉妹であったとされている。実は皐姫《さつきひめ》の二人の妹は養女であった。

皐姫《さつきひめ》の言い伝えは、千葉県を中心として近隣に多数あるが、皐姫《さつきひめ》を逃がすために二人の妹が囮《おとり》となったという。

光の民は真実を隠すために様々なフェイクを仕掛けたのである。

第三十一条件．平清盛公の時代の末期に流行った不思議な疫病

次の様な話が光の民から光明に伝えられた。

平清盛公の時代の末期には正体不明の疫病が流行ったという。光の民によると、この流行病は回虫が腸の中で暴れるという奇妙な疫病であったという。

この病に罹った人は、お尻から固まった長い変なものが出てくる。そして何よりも困ったことは、性格が鬼のように凶暴になり手に負えなくなることであった。

その病を治す方法がなく、鬼のような凶暴な人が増えていったという。そこで、その凶暴になった人たちをまとめて、舟で九州からある大陸に送ったという。その後、そういう人たちがそこで子孫を増やし、その血筋が受け継がれて現在に至るという。

七．大師の偉業

第一条件．大師が考えた本当の護摩炊きの儀

大師は護摩炊きについて、次の様に伝えてきた。

大師から伝えられた護摩炊きの方法は、実際に行われている方法と異なるという。

光明は、大師から、「護摩焚きの本当のやり方を教えるからよく覚えておきなさい」と言われた。

光明は、寝ている間、何回も繰り返し〝護摩焚きの方法〟を教えられた。

護摩焚きとは、不動明王と大日如来の力を借り、その人が書いた札を燃やすことで魔を祓う行なのだという。

護摩焚きを行う時にまずやることは、〝これから来た人たちの魔を祓い、福を授ける護摩焚きの儀を行う〟という内容を経として唱え神に宣言することから始まるという。そこでもう既に、仏の御魂は護摩焚きをするお坊さんの体に入り込んでいるから、お坊さんは火に向かって経を唱えてはいけない。

これから先の仏の存在は、近くに来た人を目で見てご利益を与える。つまりお坊さんは火を背にして来ている人たちの方に向かって経を唱え、その場所に来ている人たちの魔を集め、剣の裁きで魔を斬り裂いて祓うのである。

来ている人たち一人一人に、木の札に自分が祓う文言を書いてもらう。

火を背にして護摩焚きをするお坊さんから見て、左右の二つの方向からその人を二つに分けるという。

火を背にして護摩焚きをするお坊さんから見て、右側から来た人たちはその人についた物事の魔を祓い、左側から来た人たちはその人の健康を害する魔を祓うという。

その人が来て「宜しくお願いします」と言った時、お坊さんは手を合わせて札を渡し「ええい！」と念を込める。

右から来る人には、鍾馗様の魔を払う力が込められている赤い札を渡すのである。その札をもらった人は火のとこに行って札を立てて手を合わせた後に「よろしくお願いします」と言って、火を背にして札を後ろに投げる。

赤い鍾馗様の札を貰った人は前に進んで手を合わせ、くるっと回って、出る時は右から出て行くが、鳥居をくぐって手を合わせて外に出るまで絶対に振り向いてはいけないという。

一方、左から来る体の弱い人には、手を合わせて札を渡し、お坊さんは「ええい！」と念を込める。その時は金剛夜叉様の治癒の力が込められている紫の札を渡す。その紫の札をもらった人は火のとこに行って札を立てて手を合わせた後に「よろしくお願いします」と言って、火を背にして札を後ろに投げる。

紫の札を貰った人は前に進んで手を合わせ、くるっと回って、出る時は左からそのまま出て行くが、鳥居をくぐって手を合わせて外に出るまで絶対に振り向いてはいけないという。

そのような護摩焚きの作法は、全て恐山に行った時の帰りは後ろを振り向いてはいけないという恐山の言い伝えと連動しているのだという。

第二条件．当時の朝廷は、護摩焚きの行を自分たちのために利用していた

当時の朝廷は、護摩焚きを次の様に考えて行っていたという。

朝廷は、護摩焚きに集まった下々の人たちの〝良い気〟だけを集めて、自分たちの健康と、自分たちの魔を祓うためだけに護摩焚きを行っていたという。

要するに、朝廷は護摩炊きに集まってきた人たちの〝良い気〟を利用するために人を集めていたという。

大師は、人は全て平等な立場であるという考えで護摩炊きの行を考えていたが、朝廷は常に自分たちに都合のよい様に護摩焚きの行の作法を変えていたのである。

大師なき後、護摩焚きの行を行うお坊さんも自らの出世と寺の繁栄のみを考え、手を合わせに来た人々には何のご利益もないようになっていたという。

第三条件．一人還元の法則

光明は、大師から次の様に伝えられた。

〝一人還元の法則〟という内容が伝えられたが、この内容は難解である。

〝一人還元の法則〟では、託された一人が一人のために、その一人が一人のためにという法則が成り立つという。

光明が光の民に、その〝一人還元の法則〟とは、どういう意味ですかと聞くと、光の民は、「この時代に光の民からメッセージを託された者はたった一人なのだ。誤解してはいけないのは、その人が神というわけではなく、一人の世界のビジョンの中にいる」と言う。

これは皆にも当てはまることで、人それぞれが自分の目でしかこの世を見られない。従って、人それぞれが自分の世界を持っている。それぞれの人の世界が〝一人還元の世界〟なのである。

一人還元の法則とは、メッセージを受けた一人の託された者が、影響を及ぼして、隣の人がその内容を共有することによって、その共有した内容が徐々に広まっていくことをいう。その共有した内容が広がって成り立つものが、その時代の法則になるという。

今はもう釈迦如来の時代が終わり、今は弥勒菩薩の世界に変わろうとしている。弥勒菩薩の考えがたった一人に教えられ、そこから広がっていくことによって〝一人還元の泡〟、つまり神から受けた内容が世に〝泡〟の様に広がっていくという。

なぜ〝一人が一人のために〟というかは、弥勒菩薩の考えを受けた人が亡くなった場合、その後、人々の考えはその人の考えと同じでなければいけない。もし、最初に受けた人の考えと全く違う考えであると、その世界は崩壊してしまうという。

例えば、〝一人が一人のために〟といった時点で、自分が神から受けたことを〝自分が神である〟と勘違いしておかしくなった人は、自分一人だけのためだけにその内容を使う。

他の人は、あいつはおかしい、などと思うため、他の人には伝わらず、そこで、神から受けた内容が世に広がっていくという正しい連鎖が止まってしまうのである。メッセージを受けた者は、決して〝自分を神だ〟と思ってはいけないのである。

大師は光明に「自分は、ただメッセージを受けた者だと理解しなさい」という。このような、悪しき歪みが起きたのが平安時代であり、これはその後の時代にも度々あったという

多くの人にメッセージを聞かせても、その内容を聞いた人々が理解して納得しないと、その時代の法則が成り立たないのである。つまり次の人に託したその人が違う考えであれば、当然、争いごとが起きるようになる。

この〝一人還元の法則〟では、目の前に見えるこの世界が、それぞれの人の世界である。メッセージを受けた最初の一人が亡くなってしまうと、その人の世界はなくなってしまう。たった一人にしかメッセージを送らない。

しかし、メッセージを伝えた人がその〝一人還元の法則〟で、どんどん神の意思が伝わって行き、それが全体に広がっていくと、多くの人が、メッセージを直接受けなくても、神の意思に沿って進むことができるという。

そしてその人が亡くなって聞かせる人がいなくなると、次の人にメッセージを送る。そしてその良いサイクルが繰り返されるという。

当初から、我々は、大師から「寸分狂いなく、事を成しなさい」と言われている。その理由は、皆がその意見に一致して進まないと、狂いが生じ、その狂いが、将来長い年月を経て、大きな歪みとなって世が狂っていくという。それが〝一人の人の還元の法則〟なのだという。

書物などには、この様な〝一人の人の還元の法則〟の内容は記載されていないと思われる。これは人が考えた法則ではなく、光の民から伝えられた法則なのである。

第四条件．駄目な人について

大師から次の様な通信が伝えられた。

駄目な人は、自分を売り込むために人を蹴落とそうとする。しかも彼らは意図的に陰口をたたいて人の足を引っ張る。

それは資格者がやってはいけないことである。

例えば、その人と話をして内緒の話にしましょうといった時でも、それを利用して陰口を言って自分の立場を有利にしようとする人がいる。例えば、「あの人はこう言っていたのでそれはまずいですよ。僕が彼の代わりをやります」という陰口はいけないのである。

陰口には、その人に聞かれてもよい陰口と、その人に聞かれたらまずい陰口の二種類あるという。

資格者が陰口をたたいてよいという陰口の種類は次の一つしかない。

光明は「それは何ですか」と聞くと、大師は「その人を心配して、もっとこういう風になればよいという内容の話、あるいはこんな事をするとまずいだろうと、人に相談するような内容の話であればよい」と語った。

第五条件．昔、大師の式神は人であり、その人は法力で憑依の技を使う

昔、大師が使っていた式神は人であった。

その式神がついた人は法力を使う。それは憑依の技であり法力を使うと、人から式神の姿に変化《へんげ》する。その姿は、河童であったり天狗であったりする。

ＭＲ世界には、妖精といわれるような存在が多数いる。その中でも力を持つ妖精を自らに憑依させることによって体を変化《へんげ》させる。

昔の人は、式神がついた人間が式神の姿に変化《へんげ》するのを見て、その変化《へんげ》した異形の姿を見て、それを妖怪などと伝えたと思われる。

第六条件．物事を成す時、一二三《ひふみ》の心で一歩ずつ前に進んで〝虎孤十斗乃歩《ここととのふ》〟

大師は「物事を成す時、光の民に寄り添うために、一二三《ひふみ》の心で、一歩ずつ踏みしめて前に進むことを〝虎孤十斗乃歩《ここととのふ》〟と言う。

〝虎孤十斗乃歩《ここととのふ》〟の〝歩《ふ》〟の意味は、歩《あゆ》みを止めた時、その場所は門の前なのだという。そして、その門の前では、赤い印を持った門番である鍾馗様が門を開けるという。

門の中に通され、一歩中に踏み入った時点で、将棋の駒の〝歩《ふ》〟はひっくり返って赤い文字の〝と

金〟となる。つまり、それはその人の御魂が〝金〟の御魂に変わることを意味する。

誰でもその門の中に通されるわけではない。

鍾馗様は、〝虎孤十斗乃歩《ここととのふ》〟の人が、〝金〟の御魂に変わった人しか門に通さないのである。

第七条件．一二三《ひふみ》は、空、海、山の三つに分けられる

大師の一二三《ひふみ》は、この世における神なる〝存在〟の事も意味し、それは三つに分けられるという。

一つは空、一つは海、一つは山であり、この三つが一二三《ひふみ》であり、一二三《ひふみ》で虎孤十斗乃歩《ここととのふ》というのはそういう意味もあるという。

虎孤十斗乃歩《ここととのふ》の〝歩《ふ》〟は将棋の駒の〝歩《ふ》〟である。将棋では〝歩《ふ》〟は、前に進んで未来には〝と金〟になることを意味する。将棋の駒の〝歩《ふ》〟の裏側は〝と金〟であるが、〝と金〟の〝と〟は赤色で、それは鍾馗様の恩恵によって、金の御魂になるということであるが、鍾馗様は阿弥陀如来であり、その力で、あまねく光明の力によって、人々を金の御魂に変えることができ、先の未来に通じる門に通すことを意味するという。

鍾馗様が阿弥陀如来である理由は、その力というものは、人に対する慈悲、優しさそのものなのだという。それ故、鍾馗様はその力を持って、人々の御魂を金の御魂にして先の未来に通じる門に通すのである。

第八条件．神仏の力である〝悲《ひ》の力〟と〝茲《じ》の力〟

文教寺前の施設である北辰北極星方堂《かくどう》の北極星は吉祥天を意味する。〝悲《ひ》の力〟（一の力）は、吉祥天の力、皐姫《さつきひめ》の力でもある。

この力は、正しい心と信じる心を持つ見極めの力である。正しいことは正しい、悪いことは悪いとはっきり伝えることが大切である。この力により、この場所に仏が集うこととなる。

北辰北斗七星方堂《かくどう》の北斗七星は毘沙門天を意味する。〝茲《じ》の力〟（二の力）は、北斗七星のひしゃくの力、毘沙門天の力であり、平将門公の縁結びの力でもある。この力は正しい行動を行うため仲間を集め、助け合い、仲間同士を繋ぐ力となる。

〝悲《ひ》の力〟と〝茲《じ》の力〟は引きつけ合って安定した時代になると、人間が女性の完全体になるために、吉祥天がこの世に現れ人々を導く、そのために多くの仏が現れて協力してくれるという。

一の力である〝悲《ひ》の力〟と二の力である〝茲《じ》の力〟が合わさると、一、二で、〝ひふ〟、三は大師の数字であり、弥勒菩薩の数字でもある三を加えると〝一《ひ》、二《ふ》、三《み》〟、これを鏡面反転すると、〝三、二、一〟で、この数字は大師が入定《にゅうじょう》し大龍王になった三月二十一日となる。そして、〝一、二、三〟は〝ひふみ〟となり、物事が〝虎《こ》孤《こ》十《と》斗《と》乃《の》歩《ふ》〟こととなるのである。

この〝虎《こ》孤《こ》十《と》斗《と》乃《の》歩《ふ》〟の段階に達すると、我々人間は神と交渉することができるようになるという。

第九条件．〝慈悲〟の馬鹿羅《ばから》を理解しなさい

大師が今一つ、〝慈悲〟という言葉の馬鹿羅《ばから》を徹底的に駆使して考えなさいという。〝慈悲の心〟があればこそ、全てのものがその中に馬鹿羅《ばから》として隠されている。〝慈悲〟は〝自否〟、〝自非〟であり自分を否定してはいけないし、自分を非難してもいけない。〝自日〟となれば自分たちを日の当たる場所に連れて行くことを意味する。

漢字、ひらがな、カタカナのすべてを使って、馬鹿羅《ばから》を考えて当てはめていくと、人の人生全てが〝慈悲〟の中に当てはまるという。

大師は、その内容を〝慈悲の二十一ヵ条〟として書き出しなさいと言う。

仏の慈悲の心は、人の生活に向けての言葉の一つ一つであり、仏の力を理解することになる。

この〝慈悲の二十一ヵ条〟の七条は、あるべき人の道を示すが、この内容は七体の〝如来〟のご利益に対応する。次の七条は、人々が協力して歩むべき道を示すが、これは七体の〝菩薩〟のご利益に対応する。最後の七条は、人として、してはいけない道を示すが、これは七体の〝明王〟のご利益に対応するという。

仏は、慈悲の心を持ち、仏の慈悲の中に究極の馬鹿羅《ばから》が隠され、全ての究極の馬鹿羅《ばから》と、鏡面反転の奥義、等価交換で世の中が作られているのだという。

大師は、この三つをしっかり理解しないと先へ進めないと伝えてきた。

第十条件．空《むなしゅう》の本当の意味

大師から、空《むなしゅう》の本当の意味を説明するという通信を受けた。

まず、世の中の流れは〝お金〟を軸としており、お金は〝一滴の血〟を表し、〝時〟は〝悲しみと喜びの命〟を表すという。

血の一滴の〝血《ち》〟と命＝〝いのち〟の〝ち〟をとってつなげると、〝千代に八千代〟に対応するという。八千代とは、幾千万年という長い年月、命を育んできたことを意味するという。

命から〝いのち〟の〝ち〟を取ると〝いの〟という言葉が残る。この〝いの〟の文字に込められた意味は、猪の〝いの〟である。

猪〝いのしし〟を分解すると、〝いの〟と〝しし〟に分かれる。〝いの〟の意味が、十二干支の一月から十二月の一年間の最後にくるのが猪だという。十二干支のねずみの〝子《ね》〟〝丑《うし》〟から始まって最後の亥《い》の猪で終わるのだという。また、〝いの〟には、一年間を通してという意味もある。

時刻でいうと猪の〝いの〟の意味は、午後九時から十一時を意味し、亥《い》の刻が意味する九の時から十一の時は、人の時間である九から神の時間である十一の時間を意味するという。

亥《い》は、方角からすると北北西を意味し日本では北海道を示す。

この猪〝いのしし〟の〝しし〟を〝獅子〟と書くと、獅子は〝白虎〟を意味し、さらに一《い》三《さ》の猫も表すという。

そして北の聖地の門の左の阿吽《あうん》の獅子の〝阿《あ》〟の獅子は鍾馗様と白龍を表し、門の左に白虎が住むことを示すという。

これまでの意味を合わせると、〝千代に八千代にと幾千万年も続いてきた歴史の中で、最後に北の聖地で白虎の力から始まる〟ことだという。

それは、〝お金である血の一滴、時、悲しみ、喜びの命〟、この〝血〟と〝命〟の本当の意味を〝空《むなしゅう》〟というと伝えられた。

〝空《むなしゅう》〟と〝血〟と〝命〟の三つの言葉を三角形でつなぐと、上は空であるから、頂点に〝空《むなしゅう》〟がきて、左下が血。右下が命となる。これは神社を表す様なものになっており、〝空《むなしゅう》〟は家の中の神棚を表す。神棚の上に〝空〟と書くが、この〝空〟にはこのような意味があるという。神棚の上に〝雲〟とも書くが、これは〝八雲〟の意味なのだという。〝八雲〟つまり一《い》三《さ》の猫の力はあらゆる所に存在する意味だという。

〝空《むなしゅう》〟と書いた時、これは、人が神への思い、神へ寄せる思い、全ての事に感謝する思いを示し、〝血〟と〝命〟の結晶が〝空《むなしゅう》〟であるという。

〝雲〟と書いて何を願うかというと、〝八雲《やくも》〟の〝く〟は白虎の誓いを示し、人が成す決意を表すという。

何もない世界に白い雲を浮かべると、それは人の決意を表す。雲は時には黒く時には白く、時には荒れる時もあれば美しい雲にもなる。雲は感情を表すという。

第十一条件．四国八十八ヵ所巡りの最後は大窪《おおつぼ》寺

三月二十一日は弘法大師が入定《にゅうじょう》し大龍王となった日である。

この日の夜、光明がテレビをつけると、八十八ヵ所巡りの番組をやっていた。その中で八十八ヵ所の最後のお寺の名前は、香川県さぬき市にある遍照光院大窪《おおつぼ》寺であった。

この日、大師から光明に通信が入った。

光明が大師に「八十八ヵ所の最後の寺の名前が大窪《おおつぼ》寺である理由は何ですか」と聞くと、大師は「八十八人の我が弟子がいた中で、大窪《おおつぼ》という名前の弟子がいた。そして大師の弟子の中で、一番仲が良かったのが大窪《おおつぼ》という僧侶であった」と言う。これは、ツアーに来られた方々は、文教寺前の北辰北極星方堂《かくどう》と北辰北斗七星方堂《かくどう》の施設内の八十八ヵ所巡りをした後、白虎＝大窪《おおつぼ》に挨拶をすることを意味する。

八十八ヵ所巡りの最後の寺が大窪《おおつぼ》寺であるが、それは未来に向けての八十八の無限を現すのである。この大窪《おおつぼ》の発音は白虎の名字の発音とほぼ同じである。

偽りの八十八ヵ所と戒めの八十八ヵ所の二ヵ所を見せて、八十八と八十八で〝八八八八〟となる。次に鏡面反転させた我々の真の八十八ヵ所である二ヵ所の施設内の八十八ヵ所巡りをして、八十八と八十八で真の〝八八八八〟となる。

陰《いん》の二ヵ所の八十八ヵ所から陽《よう》の八十八ヵ所へと変わる受け継ぎ効果により、真の八十八ヵ所の力が働き、人々が未来に向けて動き出すという。

大師は「それが我が友、大窪《おおつぼ》僧侶の意志によって働く」と語った。

第十二条件．大師が行った僧侶の募集

光明は、大師から次の様な内容の通信を受けた。

その内容は、昔、弘法大師が高野山にいた時、そこに勤める僧侶を募集したときの話であった。

まず、十一歳の小坊主十二人と、二十一歳までの僧侶を集めた。そして、高齢の僧侶には辞めてもらってほとんどを若い僧侶にした。半年ほど経つと、先輩の僧侶はもう協力できないと去っていき、若い僧侶たちも辞めていった。

大師は、年齢不問にして第二次募集をかけた。ただ大師の話を聴くのに、多額のお布施を持ってくるように条件を付けた。その時には二十人程の年配の僧侶が多額のお布施を持って集まった。

大師は、集まってくれた年配の二十人程の僧侶に「梵《ぼん》釈《しゃく》天《あま》の導きにより、私は、其方たちを待っていた。其方たちに全てを任《まか》せる。この門をくぐった時点で、高齢の其方たちの御魂は一瞬にして若返る。その勢いで高野山のこの組織を、短期間に完成させてほしい」と語り、彼らに自分の全てを教えたという。

今までいた若い僧侶たちを年配の僧侶の下に付けて、年配の僧侶たちをトップにした。その時に年配の僧侶が持ってきたお布施は本人にすべて返したのである。

大師が行った僧侶の募集は、多額のお金を出しても、大師の所に居たいという僧侶だけが残ればよく、形式だけにこだわる人は要らないことを意味する。

大師は僧侶に、「これから先、この組織は大きくなっていき神の力がはたらく、今後、ごまかしは一切通じない。今まで若い僧侶と年配の僧侶は争っていたが、仏と天が一緒になり梵《ぼん》釈《しゃく》天《あま》がこの世に現れ、天も仏もなく、これから事を成していくには、一緒に力を合わせて事を進めていくことが求められる」と伝えた。

若い僧侶と年配の僧侶が、お互いが歩み寄ることを知った時、組織というものは強くなる。大師は、それを成し遂げたのである。

今、プロジェクトでは、光の民からのメッセージを信じてひたすら頑張れる人が必要であり、お互いの力を合わせるには、一つの組織にいることが大事だと言う。大師からそれを見せられた。大師は、年齢に関係なく仕事ができる人がやればよい。そして若い人を育てていく。強固な組織を築き上げていくにはそういうことが大切だと言う。

我々のプロジェクトの目的は、できる限り多くの人に光の民のメッセージを伝えることであり、強固な組織を築き上げ、それを実現することである。

第十三条件．弘法大師は権力による弾圧を避けるため嘘・偽りで人を導いた

大師は、当時の政治的な妨害をかわすために嘘・偽りで人々を導くため、真実を語ってはいないという。また、当時、人の心の中の邪をかわすために嘘・偽りで人々を導いたという。

人の心の中にもその当時の権力によって邪が隠されていた。実は味方だと思っていた人が自分を守

るために、当時の権力に寝返って簡単に大師を裏切ったのである。その様なことは、現在でもよく見られるが、当時においても同様に起こっていたのである。

当時は真正面から人々を導くと潰されてしまうため、大師は、角度をずらして権力の妨害を避けながら人々を導いたのである。

大師は寸分狂わぬ場所に人々を導くために、あの手この手の嘘・偽りを言い、人々をうまく使って、光の民からメッセージと寸分違わない様に人々を導くことに成功した。それが成功したため神社やお寺など、様々な建物が建ったのである。この裏を返すと、大師は、未来を変えるために、人を偽り騙して導いていたのだが、大師が行ったその導き方は、神の仕組みとして、その大師の行為には必ず等価交換が伴ったという。

その等価交換とは、一《ひ》、二《ふ》、三《み》の意味でもあるという。一《ひ》、二《ふ》、三《み》は未来に向かって進んで行く。一方、三、二、一は過去に戻るという意味もある。

大師が光の民から伝えられたその等価交換は即身仏になることであった。しかし、そのことを人々には伝えてはいけなかったのである。

大師の肉体は即身仏として残り、肉体の魂は肉体に残ったままであり、その大師の即身仏が存在する場所を人に知らせてはいけなかった。これが大師に課せられた等価交換であった。

そして大師は如来の道を進むはずであったが、その等価交換によって大龍王というエネルギー体に変えられてしまったのである。そして、大師から伝えられる未来に向けたメッセージを受けたわれわれ資格者たちは、大師が未来に向けた段取りと馬鹿羅《ばから》で残された暗号を解き明かし、各地の結界を解放して神仏の力を解き放すことで世の中の狂いを正し、大師から伝えられたメッセージを人々に伝えなければならない。

天界のルールとして、人の自然の進化を維持するために、神仏は人に一切ものを伝えてはいけないという。

このように大師が未来に向けてメッセージを残し、われわれがそれを受けて動くことは、仏、天が人にものを教えることとなり、これは天界のルール違反となり、大師に等価交換が発動されることになったのである。

そのため、大師は等価交換によって即身仏になり大龍王の力を得て、この世を導くためにわれわれに様々な暗号を残して日々メッセージを伝えているのである。

大師は、時の権力の妨害を避けるために、やむを得ず嘘・偽りで人々を未来に導いたが、われわれは嘘・偽りで人々を未来に導いてはいけないのである。

われわれは、なぜ大師が嘘・偽りで人々を未来に導いたのかを、人々にきちんとその事情を説明しなければならないのである。

第十四条件．大師が未来に向けたフェイクという真実を小説や映画にして世に公表する

大師が未来に向けて人々に残した嘘・偽りや伝説をわれわれが回収して、それを無いものとしなければならない。

真実の先にあるものは見えないものだから、大師が残した嘘や伝説はヒントでもなければ真実では

なく、それは謎解きなのである。

大師が残した嘘・偽りや伝説を過去から築いて積み重ねてはいけないし未来に残してはいけないという。それでは、どうすれば良いのか。

その方法は、大師の嘘・偽りをフィクションにすることである。つまり、我々が、大師が残した嘘・偽りや伝説を解明して、その内容を小説や映画にすることだという。そうすることで、大師の残した嘘・偽りがフィクションになるからだという。

そうして公表することによって、大師が未来に向けて人々に残した嘘・偽りを小説の内容だということにすれば、大師に課せられる等価交換が解き放たれるのである。それは、神の沙汰を待った時、神がギリギリ通してくれるラインなのだという。

その結果、その後に人の前に姿を見せる未来の式神が大きな力となって、その式神がこの世に良い影響を与えて争いごとが起こらなくなるという。

今、我々が人について見えるものは、大師が味わった過去と密接にリンクするものだという。我々は未来に向かって、その導きに関わった嘘・偽りをその場で切り捨て、大師が残した偽りの段取りの種を回収することで、未来の扉が開くという。

要するに大師のことを映画にすることで、大師の嘘・偽りという真実がフィクションに変わる。そうすると大師は神から問われた時、神に対して「私が残したのはただの映画です。映像の中の出来事です」と、馬鹿羅《ばから》で返すことができるという。大師は、それを最後の〝神の沙汰を待つ〟時の交渉の材料として使うのだという。

第十五条件．未来の式神は物・車であり、大きな力を発揮する

即身仏となり大龍王となった大師は真の姿を人々に見せる。そして段取りと世のルールを整え、結界を解放して、この世が正しい未来に向かって進めるようになるという。大師は四神の力を借り、人々に真の神事を教え、真の人の生き方を見せる。

未来の式神が、物・車であるのは、その大師が存命であった当時、全ての物事が人の手で行われた。その中でも特に人の移動と物を運ぶことが一番大変な作業であり、その作業において、人々の間で絶えず争いやけなし合いがあったという。しかし現在、車を使うことで、人も物も効率良く運ぶ事ができ、車は人とは異なって文句を言わないし争いも起こさない。しかも、人々は容易に目的地に移動することができる。しかも、人や動物とは異なって念が残ることもない。

そのため、今は、車が式神として一番ふさわしく、人々にとって大きな力となっている。その当時、大師が何ヵ月もかけて行ったことを、現代では車を使うとわずか数日で終えることができる。それが、車が式神であることの理由なのだという。

第十六条件．弘法大師は次の世に『空法《くうほう》如来』となる

弥勒菩薩が五十六億七千万年後の未来に現れ人々を救済するといわれているが、弘法大師は次の世、

大龍王からその名を空海の〝空〟と弘法の〝法〟を取って『空法《くうほう》菩薩』として現れ、やがて空法《くうほう》菩薩から『空法《くうほう》如来』になる。それは弘法大師が辿る未来の道であるという。

そしてわれわれ全ての五神である青龍、白虎、玄武、朱雀、黄龍の魂は集合して一つの御魂となり、『聖光《しょうこう》大師』として、人々に正しい道を教え続けるという。『聖光《しょうこう》大師』にはそれぞれ東西南北があってそれぞれに名前がつく。『聖光《しょうこう》大師』は、五神の柱の中にある正体である。菩薩の〝輪《りん》〟に導かれた次の世代の導きの人であるという意味であるという。

弥勒菩薩が星の魂となって消え、次の救世主として現れる導きの人が『聖光《しょうこう》大師』であり、将来、『聖光大師』は、〝聖光《しょうこう》〟を逆転させて『光聖《こうしょう》菩薩』となるという。

第十七条件．弘法大師は等価交換により大龍王に変えられ弥勒菩薩の式神となった

今回、光明は等価交換に関する難しいメッセージを受けた。

当時、大師は、支配者層の妨害を避けるために、嘘・偽りで人々を正しい方向へ導き、天界のルールを冒してまでも、われわれにメッセージや暗号を伝えた。大師が、我々に対して〝過去から未来に残したメッセージや暗号〟は、天界のルールに反しているという。たとえそれが馬鹿《ばか》羅であっても、本来はわれわれ人に教えてはいけないことであった。

大師は天界のルールを冒した罪により負の等価交換を受けることになった。しかし、大師はすでに未来を読み、正しい未来に至る戦略を立て、たとえ自分が天界のルール違反を冒していても、未来の

人達が謎を解き明かし、龍道を解放して正しい未来に進むことを優先させたのである。

大師に課せられる負の等価交換をなくすために、われわれが優先的に行わなければならないことは、大師の行ったことを小説や映画にすることであるという。そうすれば大師の行った内容がフィクションと変わり、大師が神と交渉する時に有利になるという。

大師の行った内容がフィクションに変わった時、神は大師の罪を許して大龍王から『空法《くうほう》菩薩』となり、やがて弥勒菩薩の地位に代わって『空法《くうほう》如来』になるという。

本来、大師は『空法《くうほう》菩薩』になるはずであったが、負の等価交換を受けるとき、弥勒菩薩がそれを見て、「私の所に来て式神として大龍王となって私の力になってくれ。そして私が地上に降りた時、君が代わりに私の地位につきなさい」と大師に声をかけ、大師は大龍王に変えられたのである。

この大師と弥勒菩薩の間で結ばれた契約を知っていたのは、沙加羅《さから》龍王《りゅうおう》だけであった。つまり弥勒菩薩の〝人々を未来に導きこの星を守る〟という大いなる計画は、全て弥勒菩薩の計画だったのである。

第十八条件．弥勒菩薩が〝人々を未来に導きこの星を守る計画〟を立てた理由

弥勒菩薩は子供のころは布袋であった。布袋が〝人々を未来に導きこの星を守る〟という計画を立て実行したのには理由があったのである。

布袋が子供の頃、泣き虫だった女の子がいた。そして布袋は、その女の子に「僕が君を守るよ」と

約束した。ところが大きくなるにつれ、両者の立場が逆転し、その女の子から「あんたは、優しいからって何も言わないのは卑怯者のやることだよ。一生あなたは卑怯者でいるのかい。相手がかわいそうだと思って黙るのは卑怯者のやることだ」と言われた。子供の頃、泣き虫だったその女の子は吉祥天であった。

その後、布袋（弥勒菩薩）の前に、男としての生き方を教えてくれる兄貴分の毘沙門天が現れて、やがて毘沙門天は天界のルールを破ったことで泡となって消えたが、布袋（弥勒菩薩）は事前に計画を立て毘沙門天を蘇らせて、吉祥天と毘沙門天は無事に北の聖地の柱に守り神として収まることができたのである。布袋（弥勒菩薩）はそれを見届け、吉祥天との約束を守ったのである。

これにより、布袋（弥勒菩薩）の最初の〝人々を未来に導きこの星を守る〟という計画は無事終了したのである。この弥勒菩薩の計画を知っていたのは大師と沙加羅《さから》龍王《りゅうおう》だけであった。

弥勒菩薩は一二〇〇年の旅に出る最高神の創造主である梵天と同じ力を持つが、人々を助けるために星の御魂になったのである。

梵天が弥勒菩薩に「なぜそんな道を選ぶのか？　其方は人々を守るために、犠牲となって釈迦如来と同じことをした」と語った。梵天、沙加羅《さから》龍王《りゅうおう》、大師は、〝人々を導きこの星を守る〟ために自分を犠牲にしたのである。

神と有利に交渉する方法を考えたのは弥勒菩薩であり、無口であった弥勒菩薩が成し遂げた。弥勒菩薩の計画のおかげで、離れ離れになった帝釈天と弁財天が一二〇〇年の罪から解放されて元の鞘に収まることができた。

これらの全てをその計画に盛り込んで、天部の乱れの平定と人々の導き、邪の祓いと未来の創造を考えたのが弥勒菩薩であった。

第十九条件．大師の天界のルールに反した行為が解き放たれると新しい未来に進む

大師が世の人々に向けたメッセージは、白か黒かというと馬鹿羅《ばから》で解くと完全に黒である。

われわれは、大師のメッセージと暗号を馬鹿羅《ばから》や現地調査でそれらのメッセージの暗号や謎を解いて、所定の神事を行い龍道や結界を解放しているが、大師は意図的にわれわれが暗号や謎が解けるように働きかけてくれている。しかし大師が行っているこの行為は天界のルールに反しているという。

そのため、菩薩になるはずであった大師は、負の等価交換によって御魂が大龍王となり肉体は即身仏となったのである。

この歪んだ次元の世界を正常に戻すためには、我々が解き明かした内容の全てを元に戻していかなければならない。その方法を大師に尋ねると、解明した内容を玄天経典に記し、小説と映画を制作して人々に発表して人々に伝えることで、大師の即身仏を仏の眠る王墓にすることであるという。

これはどういうことかというと、小説の登場人物や映画の俳優が大師を演じることで、大師の天界のルールに反した行為がフィクションに変わるのだという。大師は、次の世の正しい時間を進める方法を弥勒菩薩と話し合った結果、このような方法に辿りついたのである。

我々が大師と弥勒菩薩がこの世で訴えた内容を解き明かし、それを書にして公表することで、それを読んだ人々が〝これは果たして本物か、あるいは作られたものなのか〟と様々な視点から考えが二

分するようになるという。大師と弥勒菩薩が語ったことは、この三次元の小説と映画の世界のことであり、大師と弥勒菩薩は人々の導きには関わってはいないことになるという。

これにより、大師が神の沙汰《さた》を待つ時の交渉の材料にできるという。そうすることで、大師の天界のルールに反した行為が解き放たれ、梵天の導きによって大師と弥勒菩薩がこの世に降りてきた時、弥勒菩薩は弥勒如来となり星の御魂に変わり、大師は大龍王を経て菩薩となり如来に変わっていくのである。

そうなると、正しい未来の時を刻むΩ《オメガ》を意味する白虎の白い時計〝ホワイトサイドオブザムーン〟が動き出し、新しい未来に進んでいくという。

第二十条件．弥勒菩薩は仏を正す未来を作り、大師は人々を正す未来を作った

弥勒菩薩は仏を正す未来を作り、そして大師は人々を正す未来の準備を行い、二人で協力して成し遂げることで次元上昇の段階に達する。

天界では仏も乱れてお互いに争っていた。弥勒菩薩は自分を犠牲にして、仏が協力し合って争いをなくす仏の時代に戻すために、長きにわたる〝人々を未来に導きこの星を守る〟という計画を実行したのである。

弥勒菩薩は、今までの神仏のしがらみを取り払い、自分の身分も取り払って計画を進めた。弥勒菩薩は仏の世界の間違いを正しながら、大師は人々の邪を祓いながら、お互いに一緒に進んで行った。

しかし、それを実行した弥勒菩薩と大師は負の等価交換を受けることになった。

弥勒菩薩と大師は負の等価交換を受けることを覚悟して、この世の次元が正しい未来へと進む道筋を示したのである。

第二十一条件．「これから其方は光明方示《こうみょうほうし》を名のりなさい」

光明が三年ほど前に八王子にある高尾山に行った時、大師から「其方はこれから人を集めなければならない。そのために必要な力がある。最初の力を其方に与える。直ちに〝天狗の腰掛け岩〟に行きなさい」と伝えられた。

光明は、八王子の道の駅に車を停めて寝ていた。午前二時頃に〝天狗の腰掛け岩〟に行こうと思っていると、カーナビに急に〝天狗の腰掛け岩〟の場所が表示された。その時、車の中で横になっていた光明の体がいきなり一メートルほどフワーっと浮いて、体ごと右に三回、左に三回、回され、今度は体が車から外に五十メートルほど引っ張られてそこで止まった。

光明は怖かったので目を閉じて黙っていたが、チラッと周りを見ると暗いが、近くに誰かいると感じた。その時、竹林のいい匂いがしたので竹林の中にいると感じた。その時、「其方に始まりの力を与える」と伝えられ、右に三回、左に三回、回って車の中にスーッと運ばれたのである。

それ以降、光明の神社や聖地を回る旅の道中、不思議な現象が多発するようになった。

和歌山県の高野山に行った時、「大師はここにはいない。ここは見てはいけない所だ」ということが分かった。大師の御魂が眠る場所は後で分かることになる。

今度は「伊勢に向かえ」という指示があったので伊勢神宮に向かった。近くのコンビニに夜遅くに着いたので、そこに車を停めて休んでいた。星が前の方に見えた。「星がきれいだな。明るい星はきれいだ」と思って手を合わせて、「有難うございました。あなた方に言われた旅を、本格的にこれからしようと思って旅に出ました」と言った時、星がパッと光って、花火みたいにバーンと弾けた。その時、光明は頭の中のスイッチが弾けたように感じ、「これから其方が人前に出る時は『光明方示《こうみょうほうし》』を名のりなさい」という言葉が頭の中に入ってきた。

「人前に出た時にサインを求められる、あるいは何か自分で書く時は、〝MRK〟と書きなさい」とアドバイスを受けた。その時から、『光明方示《こうみょうほうし》』と名のることにした。〝MRK〟のMRはMR世界を意味し、Kは名前の頭文字を意味する。それから、ことある度に〝MRK〟を使っていた。

あるとき、〝MRK〟のサインを見た知人から、「〝MRK〟は弥勒《みろく》ですよね」と言われ、その時初めて、〝MRK〟には意味があって、これには仏の意味が込められていることが分かったのである。

もし、光明が体験した数々の不思議なできごとを無視していたら、それ以後は何も感じることもなく、前に進むことはなかったであろう。

第二十二条件．「空《むなしゅう》という気持ちと戒めの言葉を心に持ちながら進みなさい」

空《むなしゅう》というのは、大師の言葉で、虚しさ、悲しさを背負い〝から〟であり、〝そら〟であり、〝くう〟

である心を忘れないで、自分の戒めとして、それを常に心の中に留めることである。

大師は空《むなしゅう》という心を持ちながら、長い間、旅をしてきた。そうすることで、常に光の民との接点が切れることなく導かれていったという。

空《むなしゅう》という、人々の苦しさ、悲しさを常に持ちながら人を導きなさいという。空《むなしゅう》という心を持ちながら、じっくり考えながら、何をするべきか、どこに進むべきかを考えるというのが弘法大師の教えである。

自分が一人になった時、座禅を組んで目を閉じて考えた時、空《むなしゅう》ということを常に考えていかないといけない。

我々の施設に集まって来た人たちには、それぞれに役目があって、宇宙からメッセージを受ける者、財政的に援助し組織をまとめる人、その組織を陰から支えながら人々を導く音楽を流す者、聖地を調査してまとめる人、宇宙からのメッセージを動画などで人々に伝える人などがいる。

その人が生来持っている戒めの言葉が、それぞれの人の御魂が由来する星の下にあるという。

第二十三条件．四神に与えられる戒めの言葉

青龍である光明法示に対する戒めの言葉は、空の雲を心に秘めなさいという。

雲というのは、時には嵐の恐ろしい雲になったり、人々に災害をもたらす台風の雨雲になったり様々に変化するものである。しかし、晴れの時は青い空にただふかふか浮かんで人々を見守る雲とい

う穏やかな雲である。その雲からメッセージを受けるには、いつも自然と共にあって平静心を保ちつつ、自分や他人を追い詰めることなく、雲が変化する様に物事を切り替えていきなさいということである。

〝曇〟というものを自分の中に言葉として残しなさい。〝雲〟と書いて、〝くもりゃん〟と読むことができる。

この意味は〝曇りはしません〟という意味であり、自分が光の民に手を合わせた時、「雲が決して黒く染まりませんように、決して人々に害をもたらさないように」と願い、常に空にふかふか浮かぶ雲の如くどこにでも現れ、人々に明るい未来を教えてあげられる存在になりなさいということである。どんな時にも冷静沈着に前に進みなさい。それを、大師の場合は、空《むなしゅう》と常に心に留めていたのである。

一方、大師は光明に、〝くもりゃん、くもりゃん〟と言って、雲という一つの漢字を〝くもりゃん〟と言いなさいという。〝くもりゃん〟は光明自身の中の〝くもりゃん〟であり、何にも属さない、何にも当てはまらない。そして、宇宙のメッセージをきちんと受け取って、みんなにその意味を正確に伝えることが使命であるという。

白虎の役割を担う〝白《はく》龍《りょう》虎《たけ》俊《とし》〟に対する戒めの言葉は、稲妻《いなずま》、〝雷〟と書いて〝いかずち〟ともいうが、その言葉である〝雷《いかずち》〟という漢字を心の中に持ちなさいという。

その意味は、時には人を罰する恐ろしい力を発揮し、裁きの時、風神雷神のごとく現れて力を発揮する存在であるが、その〝雷《いかずち》〟の光をもって、人々の未来を照らす光になりなさいという。

その光というのは、〝太陽に勝《まさる》が如くまぶしいもの〟でなければならない。常に〝雷〟という字を自分の心の中に留めて、それを〝まぶしゅう〟と読んで、心の調整をはかりなさいという。

要するに、腹を立てた時、イライラした時、〝雷〟という漢字を頭の中に浮かべ、それを〝雷《まぶしゅう》〟と思って、目が開けられない位まぶしい光で人々を照らす様な、仏の光を放つ存在を目指しなさいという。

朱雀の使いの人は、様々な人に影響を与えやすいし、影響も受けやすい。人々を目覚めさせてよい方向に導くのが早いが、一つ間違えば、人々を悪い方に導くのも早いという。朱雀の影響力が強いことから、羽ばたけば羽ばたくほど世に対する影響力が強く出てくるという。

朱雀に対する戒めの言葉は、〝風という言葉を心に留めなさい〟という。風を心に秘めた時、その読み方は、〝風〟と書いて〝ふうりん〟と読むという。自分が戒める時に手を合わせて〝ふうりん、ふうりん〟と言いなさい。〝風《ふうりん》〟は、強い風が〝りん〟の中に入った時に、くるっと回って穏やかになるという。〝りん〟は静けさを意味するから静けさの中の涼やかな風に変わるのである。

何かあって手を合わせた時、自分がイライラした時、迷った時に、〝ふうりん、ふうりん〟と言いながら瞑想に入ると、落ち着いて人に対して間違ったことをしなくなる。朱雀が間違った方に進まないという決意を、言葉に出して心の中で言うことによって、その一つの文字、朱雀の〝風《ふうりん》〟に込められたメッセージを受けとるという。

光の民は、朱雀に対して〝風《ふうりん》〟という言葉を、自然の言葉に乗せて話していきなさいという。

玄武に対する戒めの言葉は、雨という言葉を心に持ちなさいという。雨は、時には恵みの雨になり、時には災害を招く滅びの雨にもなる。

雨は〝あま〟とも読むが、馬鹿羅《ばから》では〝あまねく〟となり、これは、〝あまねく〟よい夢を見せる涅槃《ねはん》のことをいう。

玄武は、涅槃《ねはん》の門番の役目であり、これは雨の文字に込められた意味である。玄武の使いの人は、〝雨《あまねく》〟という言葉を心に置いて、手を合わせて自分を戒める時に、〝あまね、あまね〟と言って瞑想しなさいという。雨と書いて〝あめ〟〝あま〟とは読まないで、〝あまね〟と読むという。

玄武の使いの人は、自分が迷った時、例えば手を合わせて、〝あまね、あまね〟と言った時、雨は春雨となって人々を癒し、人々が豊かな生活が送れるような恵みの雨に変わるという。

麒麟[注一]と獅子[注一]の言葉は、氷《ひょう》、霰《あられ》という言葉を心に置きなさいという。この氷《ひょう》、霰《あられ》という言葉は、厳しき状況においても、十字架の心を突き通すという意味なのだという。

獅子と麒麟の役目は、獅子は、創造主を中心にした北辰信仰の十字架の上下の線を表し、麒麟は十字架の横の線を表し、地球を守る防御の役目である。

この二つが重なった時に守りの力が一つになって、本来の力が発揮されるという。これが北辰信仰の十字架の意味であり、麒麟と獅子の言葉は、厳しい中においても、北辰信仰の十字架の心を突き通す心が必要であるという。

注一) 現在、我々の組織には麒麟と獅子の役割の人はおらず、ここで語られた麒麟と獅子は光明の奥さんの二台の車についている式神を示す。

第二十四条件．十の心願

〝心願〟とは〝神仏に対して心から願いを祈ること〟であるが、光の民から伝えられた次の〝十の心願〟とは、〝正しい生き方〟をするために人々に求められる決意と行為である。

一．我欲を捨て人のために力を尽くす
二．地球環境を良好な状態に保つ
三．人を許す
四．人を裏切らない
五．性を売らない
六．人に優しくする
七．光の民に寄り添う
八．神仏を大事にする
九．道徳心を持つ
十．感謝する

第二十五条件．仏の慈悲への十一箇条と〝空《むなしゅう》〟の意味

大師から次の様なメッセージが入った。

大師が白虎に宛てた内容をこんこんと光明に話した。

これは〝仏の慈悲への十一箇条〟といい、その意味と最後に〝空《むなしゅう》〟の意味をつなぐと次のようになる。

大師は、〝仏の慈悲への十一箇条〟を次のように伝えた。

人は、今を生きるに、

一．笑いを堪え

二．悲しみを堪え

三．苦しみを堪え

四．切なさを堪え

五．痛みを堪え

六．暑さを堪え

七．寒さを堪え

八．周りからの重圧を堪え

九．空腹を堪え

十．他人への許せない気持ちを堪え

十一．この世の矛盾を堪える

これらの十一項目を〝仏の慈悲への十一箇条〟とする。その先にあるものこそが〝空《むなしゅう》〟なりという。弘法大師のような聖人の前には、楽しい思いをする人と、切なく苦しい思いをする人の必ず相反する境遇の二人が現れるという。

例えば、それを同時に大師に報告するとする。大師は、その二人に対して、いつも静寂でなければならない。楽しいことに対して面白いと笑って、悲しいことに対して悲しいとは言えない。何故かというと、大師はその狭間《はざま》に値するからである。相談されるということは、苦しい人もいれば楽しい人もいて、そのような人たちの狭間《はざま》を考えることになるからである。

楽しい人の側についたら、苦しい人には意見を言えなくなり、平等が成り立たなくなる。そのために、仏の心、慈悲の心というのは、その中間を考えるのだという。

慈悲の心というのは思いやりである。楽しい人と悲しい人が同時に来た時、どちらかの側につくのではなく、両方共に納得できる内容で意見を言わなければならない。それが沈黙なのだという。

人間の社会では、〝仏の慈悲への十一箇条〟がある。その十一箇条には裏と表が同時に存在するという。境遇が異なる両方の人が共に納得できる意見を言うときには、決して感情を顔に表してはいけないという。

それは、人が仏になるための一歩でもあるが、人として生まれた時の〝空《むなしゅう》〟なのだという。笑いたい時に笑いたいし、叫びたい時には叫びたい。それが人間の性《さが》である。しかし、これが人としての最高の力を意味する〝九の力〟であって、仏になるために、この〝空《むなしゅう》〟を超えなければならないのである。

全てを超越したときにこそ、〝空《むなしゅう》〟の意味が分かってくるのだという。大師は、〝空《むなしゅう》〟という意味は、仏、神の上にあるということなのだという。

神棚を祀る時に、〝空《むなしゅう》〟という字を天井に貼るのはそういう意味があるという。全ての神事の上には、〝空《むなしゅう》〟という漢字がくる。〝空《むなしゅう》〟は、〝から〟とも読むが、〝空〟の文字に隠された意味は、そういう深い意味がある。

大師は、「〝空《むなしゅう》〟ことに対して、〝むなしゅう〟の意味を知りなさい、〝むなしゅう〟の深さを知りなさい。聖人であると同時に、仏でもあるし人でもある。その矛盾を感じなさい」と伝えてきた。

大師は、「其方たちが聖人であることを貫いて、人々の悩みを聞いて、人々を導くという立場になった時、かたや喜び歓声に満ちた人と、人生に絶望した人の両方が訪ねて来る。もし、片方の人の人生相談に傾けば、もう片方の人の心を傷つけることになる。そういう時には、二人に対してきちんと説得できる説明をする必要がある。それが聖人の役目でもある。これは、我が、一生をもってテーマにしている〝空《むなしゅう》〟であり、これは、十一箇条の仏の慈悲の上に立つ者が、〝空《むなしゅう》〟の意味を理解することを意味する。それ故、この重要な情報を白虎に託す。この言葉を玄天経典の手《た》向《む》け注一）とする」と語った。


注一）ここでの〝手《た》向《む》け〟の意味は、玄天経典の著者である白虎に対する大師からの〝はなむけの言葉〟を意味する。

第二十六条件．弘法大師はこの世を変えようとし、契此天《かいしてん》は仏の世を変えようとした

大師は、自分が生きて来た当時の不合理な世を変え、次の新しい世の未来を見たかった。そして人々を次の新しい世界に導くために旅をし、旅の途中に放浪している契此天《かいしてん》と会ったのである。契此《かいし》天《てん》（弥勒菩薩）は、しがらみに縛られた仏の世界の仕組みを変えようとしていた。

その時、契此天《かいしてん》は大師に、「我に協力してほしい。そうすれば我の力を其方に与える。其方が死した後、確かに明神になるが、これから生まれ変わることはできない。そしたら、その間、一《い》三《さ》の旅、二三の旅、三三の旅まで、其方は何十億年と修行のため放浪しなければならない。その後、其方はようやく菩薩になることができる。しかし其方はこのままこの世の中を見守りたいのだろう。それなら死した後、すぐに我の力を与える。我の力は大龍王の力であり、その力を使えば菩薩にならなくて、大龍王の力で我（弥勒菩薩）の式神となって、この世の中を見守ればよい」と語った。

大師は自分が計画した次の新しい未来を見たかった。大師は死した後、数々の修行を行って菩薩になることができるが、菩薩の地位に到達するには何十億年もかかってしまう。その時にはこの世の未来は何度もリセットされて大師が計画した新しい未来ではなくなっているのである。

それ故、大師は弥勒菩薩の申し入れを受け、次のこの世の新しい未来を見ることにしたのである。

多分、数年後に弘法大師と弥勒菩薩が共に現れるのは、大師が弥勒菩薩の式神だからである。

第二十七条件．弘法大師が手に持つ独鈷杵《どっこしょ》の意味

八大龍王は手に宝玉を持ち、大龍王である大師は手に独鈷杵《とっこしょ》注一）を持つ。いわば、仁王の〝どっこいしょ〟は、力の根源を表す言葉であって、仁王という二人の門番が合わさって金剛力士の力に変わる。

中国では〝におう〟、日本では〝どっこいしょ〟と言って物を持つが、力を入れる時この言葉を使う理由はそこにある。

大師は日本人であるから〝どっこいしょ〟という言葉を使い、大龍王である大師は手に独鈷杵《とっこしょ》を持つ。

大宇宙の力を使うのが仁王であり、宇宙とこの世をつなぐ力こそが金剛力士の力である。

台座に座っている大師の仏像を見ると分かるが、独鈷杵《とっこしょ》を持つ手の持ち方がおかしくなっている。

それは、その大師の仏像の手が人間の手ではないことを示しているという。その手は龍の手であり、宝玉を持つ大龍王龍の手が独鈷杵《とっこしょ》を持っているのである。

注一）金剛杵《こんごうしょ》は仏教で用いられる法具である。密教では煩悩を打ち砕く意味で用いられる。両端に鈷《こ》を付け、鈷《こ》が一本のものを独鈷杵《とっこしょ》、三本のものを三鈷杵《さんこしょ》、五本のものを五鈷杵《ごこしょ》という。

第二十八条件．平安京の右大臣と左大臣の役割

京の街には右大臣と左大臣がいた。右大臣は今の日本の総理大臣にあたるという。当時の右大臣は、今の官僚、警察官、自衛官をとりまとめる役職であり、左大臣は、建築や土木工事を行う大工や左官などの技術集団をまとめる棟梁であったという。

当時の左大臣が率いる技術集団は、人を育てたり、人を導いたりと、人を使って仕事をして、人々の生活や仕事のあり方を考えていた。

平安京の町も碁盤の目の街並みになるように作られた。平安京以後の時代では、城には殿が住んでその場所が政治の中心となり、城が攻め込まれないように城の周りの街全体を迷路にした。それが城下町といわれる。

北の聖地である当別には、開拓の名目で伊達家の血筋の人たちが入植して、神社や城下町のような町並みが作られた。この町には、伊達家の血筋の人たちが中心となる、ある動物の名前の会があり、その組織は百年以上の歴史がある。

第二十九条件．人は生まれて〝空《むなしゅう》〟に始まり、人生が終わる時〝愛《いとしゅう》〟を噛《か》みしめる。それが人生《にんせい》なり

大師から、「人は生まれて、〝空《むなしゅう》〟に始まり、死ぬ時は、愛おしく終わって、愛《いとしゅう》を噛《か》みしめるもの

なり」と教えられた。そして愛《いとしゅう》を噛《か》みしめることが人生《にんせい》だという。人は虚しさを感じるから修行をするのだという。

〝愛《いとしゅう》〟の〝愛〟の字は、まんべんなく様々な人を愛することに関係するが、愛の言葉に比例した言葉を足すことによって、愛に全く違う意味を持たせるのが〝愛《いとしゅう》〟であるという。

この〝愛《いとしゅう》〟という言葉は、一般の人、自分の奥さんとか子ども、親戚とか親、兄弟、そういう特別な人のことだけを考える愛であるという。しかし、それは死ぬまでに成し遂げなければならない、難しい問題でもある。

愛というのは、一概に語られるものではない。特に、聖人や光の民から導きを受けて行動する我々は、本来は、子どもを持ってはいけないという。しかし、子どもがいるという矛盾の中で生きなければならない。

十一回生まれ変わった人、光の民から導きを受けて世のために自分を犠牲にして行動した人は、次は人として生まれることはない。しかも、その人が仏になるには五十六億七千万年という長い厳しい修行の旅をしなければならない。

問題なく苦しんで山を越えて、辿り着いた所に、愛という問題がのしかかってくる。自分の奥さん、子どもに自分の心を伝えなければならないし、守らなければならない。しかしそうなると、今度は、自分を犠牲にして世の中のために生きることが難しくなるという悩みが生じてくる。だから、家族を捨てて、世の中を選ぶしかない。しかし、そうなると人間として不完全になる。

そこを悩むことになり、最後の最後までその問題がつきまとうのである。

大師は、「時が満ちる最後の最後まで、羅刹《らせつ》の四の力を受け入れたくない」と語っていた。我々がその通信内容を聞いた最初はその意味が分からなかった。その大師が語ったその通信の意味は、イエスとマグダラのマリアの問題にも繋がってくるという。

第三十条件．〝愛〟という字に込められた謎

自分の命を使って、世の人々を守らなければならないという意識を持って行動に移るとき、そこには莫大なエネルギーが発生するが、そのエネルギーを覆《くつがえ》す様な不思議な力こそが、始まりの一番大切な力だという。

人というのは常に悩むもの。生まれたときは、空《むなしゅう》であり、むなしさを噛《か》みしめながら嫌なことでもその山を越えなければならない。なんとかその山を乗り越えたとき、自分は一人ではない、色んな人が周りにいる、愛があると、世の中の人のために尽くさなければならない、この世の中を変えなければならないと考えるようになる。

一方、その人に家族がいれば、家族を守らなければならない、家族を食わせていかなければならないと色々と考える。

家族を持たなかったら、その人は完全体で終わらないので、九[注一)]のことは成し遂げられない。一方、家族を持ったら九のことを成し遂げられるが、その家族の中で、例えば、家族の一人が人の道から外れたことをすれば、そっちの方に引っ張られてしまうという。

注一）ここでいう〝九〟の意味は、人として最高の力を発揮するということを意味する。

例えば、自分の息子が悪いことをすれば、お前は俺の息子じゃないと切り捨てられるかというと、親だからそう簡単にはそれはできない。そういう難しい問題がのしかかってくるという。そのようなことを乗り越えるように真剣に考えることが、〝愛《いとしゅう》〟という意味に込められ、一つの〝愛〟という字に込められた謎なのだという。

家族を守るということは、人として完全体になるために必要な条件であるが、一方、家族に引きずられて簡単に駄目になることもある。つまりそれは〝諸《もろ》刃《は》の剣《つるぎ》〟でもある。

八．北の聖地での次元上昇

第一条件．〝無縁花〟と〝夢想花〟は未来の受け入れ場所の鍵となる

光明に宇宙の創造神『ブラフマー（梵天《ぼんてん》）』から次の様な通信があった。

勝尾寺の弥勒菩薩の頭の上の蓮の花が咲いた時、そこから一つの種ができる。その種は勾玉《まがたま》の種となり、勾玉《まがたま》は白と黒の陰と陽に分かれ一対になって生まれると、その勾玉《まがたま》の種を門の前に植えなさいと伝えられた。

それをこの北の聖地の門の鏡面反転した龍の柱の真ん中に埋めなさい。そうすると、その場所に〝無縁花〟が咲くという。

〝無縁花〟が咲いて、その上に弥勒が乗った時、次の未来は六十八億七千万年の時を刻むことになる。つまり弥勒が、六十八億七千万年間にわたり三六《みろー》の地を治めることとなる。

次の世代に移った時、未来の扉を開け三六《みろー》星に移って、未来の時が動き出すと、その世界は六十八億七千万年続くということである。

この話は、宇宙的、仏的な話であるが、要は、北の聖地の施設の場所が、次の五次元への上昇の受け入れの場所になることを示すのである。つまり、この施設が次元上昇の重要な鍵になることを示している。

〝無縁花〟を馬鹿羅《ばから》で解くと、無縁だから〝六〟、花は〝八七〟で〝六八七〟となり、弥勒が未来に導いた星は六十八億七千万年の時を刻むこととなる。

未来の扉を開けて三六《みろー》星に行けるのは厳しい篩《ふるい》にかけられて選ばれた者だけであり、その人たちとは、星の流れを見て光の民から指令を受けた人たちなのだという。

第二条件．〝無縁花〟と〝夢想花〟の意味

宇宙の創造神『ブラフマー（梵天《ぼんてん》）』から通信があった。

〝無縁花〟と〝夢想花〟の意味は鏡面反転になっていて、〝夢想花〟の〝夢想〟は僧侶の〝夢想〟だという。また、縁を切ったり縁を結んだりするのが僧侶の役割であるが、〝無縁花〟の〝無縁〟も僧侶の役割であるという。

この僧侶の仕事と役割が〝夢想花〟と〝無縁花〟であり、これらが鏡面反転したものが〝花〟となる。その〝夢想花〟と〝無縁花〟が重なると、勾玉《まがたま》の黒と白になることを意味する。

縁がない世界はなく、〝縁〟はぐるぐると巡っている。そういう意味で〝無縁花〟という、〝縁〟が巡る〝無の世界〟に行くためには、北の聖地の門の鏡面反転した龍の柱の真ん中に、蓮の種を埋めた時に〝無縁花〟となるのである。そして、しかるべき時にその場所でいくつかの神事を行うことになる。

第三条件．円形の花壇での次元上昇〝夢と希望、そして未来〟

宇宙の創造神『ブラフマー（梵天《ぼんてん》）』から通信があった。

無縁花は夢想花の鏡面反転であって、ある神事を行うことによって夢想花を無縁花に変える必要があるという。そうすることで、その無縁花と夢想花は、〝夢と希望、そして未来〟の意味に変わる。〝希望、夢、未来〟の花言葉を持つ植物を沢山植える花壇を夢想花という。

この夢想花を植えた花壇によって無縁花が成り立ち、この円形の花壇は、人々の高次元への受け入れの場所となり、そこに弥勒菩薩が降り立つという。

この場所は、南側が白龍を意味する白い壁の北辰南十字星白堂《びゃくどう》と北側が黒龍を意味する黒い壁の北辰北斗七星方堂《かくどう》の間の土地であり、この場所は次の未来へ通じる〝門〟となっているのである。

天上無幻の丘の円形の花壇

この土地にある夢想花という円形の花壇の周りで、ある神事を行うことで未来に向けての次元上昇が行われる。

この受け入れの場所に、龍の石柱を東西南北に四本配置した。それぞれの石柱の周りを竹で囲って門松のようにする。竹は太陽に向かって真っ直ぐにのびる。竹の柱は四神《しじん》の力であり、その力が真っ直ぐ上にのびることを意味している。

この花壇の大きさは、直径三百六十センチメートル、筒状のレンガを花壇の周りに埋めて、地面から上に二十一センチメートル出すようにする。そして、この円形の花壇の前方東側に、式神が宿る白と黒のスポーツカーと帝釈天の式神が宿るスポーツカーを配置する。

〝夢と希望、そして未来〟は、我々のドラゴンプロジェクトの標語にしている。

第四条件．『ブラフマー（梵天《ぼんてん》）』からの夢想花、無縁花のメッセージ

宇宙の創造神『ブラフマー（梵天《ぼんてん》）』から夢想花、無縁花についての通信があった。

夢想花は〝動〟、つまり動きを表し、無縁花は〝静〟を表し、これで静と動が陰と陽に対応するという。夢想花の意味は、〝夢と希望、そして未来〟であり、これらの花言葉を持つ花を夢想花という。

無縁花の〝静〟に込められた言葉の意味は三つあり、夢想花の〝希望〟に対して無縁花は〝箱〟、夢想花の〝夢〟に対して〝うつつ〟、〝夢想花の〝未来〟に対して〝虎孤十斗乃歩《ここととのふ》〟の意味があるという。

無縁花は、今の時点では箱を意味する。この箱を〝静〟である〝りん（輪）〟に変えなければなら

ないという。

夢想花が示す〝動〟こそが杓《しゃく》であるという。これは神の持つ杓《しゃく》、つまり錫杖《しゃくじょう》を意味する。

〝静〟とは、梵天《ぼんてん》が持つ〝りん（輪）〟であるという。

無縁花の無縁の〝縁〟は〝りん（輪）〟を表すという。その〝りん（輪）〟に当てはめた馬鹿羅《ばから》が、箱、うつつ、虎孤十斗乃歩《ここととのふ》となり、この三つの言葉を馬鹿羅《ばから》では、「希望の箱を開けた時、夢うつつに未来が虎孤十斗乃歩《ここととのふ》ことを広めることを志す」という文章になるという。

〝静寂〟というのは、動の志《こころざし》を目指すための静けさが必要であり、その静けさの中に受け入れがあり、その〝静寂〟な場所に弥勒が降りてくるという。

要するに、今までより、簡単な方法で、光の民から認証され資格をもらった多くの人たちを受け入れるための方法を教えてくれたのである。

光の民に寄り添い星が動くのを見て、光の民が見せてくれたことを忘れないのであれば、この夢想花という円形の花壇で神事を行った者の幾人かは、この空間から次の世界に移行できるという。

〝静寂〟のもと次の世界への受け入れが叶《かな》うということである。

第五条件．天上夢幻の円形花壇での神事

光の民に寄り添い星を見る資格をもらった人だけが、瞬時にその場所から上の世界に移行できるという。

『玄天経典第一巻』で記載した千葉県の北斗七星の結界の話の中で、しかるべき時が来たとき、札幌の白龍王の神社がある手稲山の頂上、竜ケ崎森林公園、千葉県の銚子市にある地球が丸く見える丘の三ヵ所で、通信で指示された神事を行うことで、光の民から認証され資格をもらった人たちは、それぞれの人に合った方法と場所で、この空間から上の世界に移行することになっていた。

その時期、光の民が人の受け入れを行うこの複雑な方法は、光の民が、当時のプロジェクトの進行に合わせて考えていた方法であった。

しかし、それからプロジェクトが急速に進行し、二〇二一年七月現在、北の聖地では複数の施設も建ってスタッフも充実してきた。

それを受けて、宇宙最高神であるブラフマー（梵天《ぼんてん》）が、プロジェクトが進行したことと我々の努力を評価し、より簡便な次の新しい世界への受け入れの方法を提供してくれたのである。

ブラフマー（梵天《ぼんてん》）は「其方たちは、一生懸命、寝ないで頑張っている。我々は受け入れる気持ちがあるので簡単な方法を教える。それを理解して、心が乱れないのであれば全く問題がない。受け入れをスムーズに行うには〝動〟と〝静〟の心を深く理解しなさい」と語った。

夢想花の〝希望〟に対して無縁花は〝箱〟を意味する。

今は、我々人類はまだ〝箱〟であり〝円〟になっていないという。

ブラフマー（梵天《ぼんてん》）は、〝箱〟を開けて、その箱が崩れると箱が丸い〝円〟になる。〝箱〟が四角いままでは次の丸い〝円〟の世界には行けない。だから箱を開けた時〝希望〟という言葉をかみしめながら、その人の〝箱〟が丸くなった者こそが次のステップに進むことができるという。

この宇宙最高神であるブラフマー（梵天《ぼんてん》）が語る〝動〟と〝静〟の心を深く理解することについて、

多くの人に、我々がどのような方法で説いていくかは、今後の我々の重要な課題である。

第六条件．次元上昇の時、人間の心が武士道でなければならない

次元上昇の前に、その人の心が武士道でなければ篩《ふるい》にかけられるという。これはかぐや姫の昔話として語られたことと同じである。

武士道という漢字を馬鹿羅《ばから》で解くと、〝竹の子〟と表される。かぐや姫の昔話では、〝四角い箱〟に入り月へ運ばれたとき、その箱の中の空間は音がしなかった。周りは反響音でみんな眠らされていた。

これは次元上昇の時、音で眠った者は上昇できず、音がする間、この四角いパンドラの箱に入れた御魂は次元上昇を許された御魂として選ばれたことを意味するという。

第七条件．『金海《こんみ》』の世界に行く門の厳しい篩《ふるい》

銀河系は星の河であって、銀河系の外を金海《こんみ》という。その金海《こんみ》の中に閉じ込められた次元が賽《さい》の河原であるという。

金海《こんみ》の世界に行くには、まず門があって、そこを通って行くのだという。

帝釈天《たいしゃくてん》は、天による負の等価交換によって銀河の外れに飛ばされ、弁財天も金海《こんみ》の外れに飛ばされた。そしてこの二人が銀河という星の河を隔て南と北に分かれて離ればなれになった。それは、時空を隔てて二人が端と端に分かれたことを意味する。そして、二つの特定の周期が合致したときしか二人は連絡を取れない。

この特定の周期である五七〇〇年と一二〇〇年の二つの周期が合致しているのがまさに現在なのだという。

まず門を通って金海《こんみ》の世界に行くが、重要なことは、それぞれの人の生前の行いにふさわしい門と篩《ふるい》の仕組みが用意されているという。

最初に鍾馗様と金剛夜叉様が待つ門が現れた人は、殺伐とした赤い砂漠のスフレイに行くか、永遠に暗黒の宇宙を彷徨《さまよ》うキューブに入るかの二つの選択肢しかないという。ただし赤い砂漠のスフレイに行った人でも、なぜ自分がこの世界に来たかに気がついて、もう一つの薬師如来と阿弥陀如来が待つ門に辿り着くチャンスがあるという。ただ、薬師如来と阿弥陀如来が待つ門に辿り着いても、そこで再度、篩《ふるい》があって元の赤い砂漠のスフレイに戻されて修行を積む人もいるという。

光の民から証《あかし》を受け、新しい世界に迎え入れられる人には薬師如来と阿弥陀如来が待つ門が現れる。そしてそれぞれの人は、またいくつかの方向に篩《ふるい》い分けされるという。

例えば、弥勒菩薩様の五次元に行く人もいるが、この世の延長線上の厳しい未来の世界に行って、苦しみと悲しみとを背負って何年も厳しい修行が続く人もいるという。

第八条件．満濃池《まんのういけ》での次元上昇

弘法大師が改修したと伝えられる香川県の満濃池《まんのういけ》で、光明が撮影した動画が勝手にスロー動画になり、多くの人の「やっこむ、やっこむ」というかけ声とシャンシャンシャンという錫杖のような音、四神《しじん》である青龍、白虎、朱雀、玄武の鳴き声が動画の中で反響していた。

この満濃池《まんのういけ》の鏡面反転にあたるのが、北の聖地の北辰信仰の十字架のライン上に乗っている我々のいくつかの施設と結界を張るためにメンバーが住む住宅である。

二〇二二年七月十五日、北辰北斗七星方堂《かくどう》と北辰南十字星白堂《びゃくどう》の間にある天上夢幻の広場で、音楽と舞を行う神事である夏祭りを行った。

札幌市東茨戸のコスプレレンタルスタジオであるドリームノアの裏手の駐車場にあるご神木にしめ縄をかけ、その隣に天神様を祀る祠を建てた。

ドリームノアの裏手の駐車場にある天神様を祀る祠に続く道が〝天神様の細道〟にあたる。

ここを通る龍道は、北辰北極星方堂《かくどう》、北辰北斗七星方堂《かくどう》、手稲山の頂上の白龍大神を祀る祠を結ぶ北の聖地の北辰信仰の十字架の東西のライン上に乗っているのである。

このように北の聖地の北辰信仰の十字架のライン上に全ての必要な結界や祠、仏像、ご神木などのアイテムが全て揃ったため、二〇二六年には千葉県銚子市の地球が丸く見える丘と手稲山の頂上の白龍大神を祀る手稲神社奥宮にも行かないでよくなり、札幌市東茨戸のドリームノアの裏手の駐車場にある天神様を祀る祠に行けばよくなったのである。

二〇二六年六月十五日午前十一時十分に北の聖地で大がかりな神事を行うことになるが、その時に具体的に何が起こるか分からないが、全ての神仏の力が集約されることで、この世界の全てが正しい方向に軌道修正され、弥勒菩薩は天の恩赦が与えられる。そして、帝釈天《たいしゃくてん》と弁財天の二人は銀河という星の河を隔てて離れればなれになっていたが、この時に解放され帝釈天《たいしゃくてん》と弁財天の二人は一緒にこの世界に戻って来ることになる。

そうなるとこの世の次元のバランスがとれ、南と北が一つとなり、毘沙門天と吉祥天は北の柱に一緒に収まることとなる。

その後、日本が良い方向に向かうと、我々のプロジェクトも軌道に乗り始め、さらに大がかりなプロジェクトも動き出すであろう。

第九条件．北辰信仰の十字架のライン上を流れるエネルギーと五次元への上昇

弘法大師が暗号などで全国に隠してきた結界や封印、アイテム、聖地などが鏡面反転ですべて、ここ北の聖地の北辰信仰の十字架のライン上に集約している。現在、必要な施設である北辰北極星方堂《かくどう》、北辰北斗七星方堂《かくどう》、皐姫《さつきひめ》の慰神碑、八十八ヶ所巡礼に相当する二ヵ所の部屋、住居、式神がついた車、結界や祠、仏像、ご神木など全て揃って整ったのである。

二〇二六年六月十五日午前十一時十分に北の聖地で大がかりな神事を行うが、はたしてその時に何が起こるのであろうか。

現在、全国から集まった数百という龍神様が北の聖地のふくろう湖にいらっしゃる。そして北の聖

地のふくろう湖と望来湖《もうらいこ》の二つのダムから強力なエネルギーが放出される。そのエネルギーは陰と陽であり、望来湖《もうらいこ》が陰、ふくろう湖が陽である。

この二つのエネルギーは北辰信仰の十字架の南北のライン上を進み、皐姫《さつきひめ》の慰神碑を通って、壁に二つの十字架がある当別駅近くのあるマンションを通った時、そこで陰と陽のエネルギーが一つに集約されるという。

また、ダムから出たエネルギーは北辰信仰の十字架の東西のライン上を西に進み北辰北斗七星方堂《かくどう》の方向へ進むが、北辰北斗七星方堂《かくどう》のそれぞれの役割を担うメンバーが住む家や式神がついた車などの様々な結界で西側に少しずれた気の流れが補正されて一直線となり、黒龍を表す北辰北斗七星方堂《かくどう》と白龍を表す北辰南十字星白堂《びゃくどう》の間にある門（天上夢幻の広場にある円形花壇）に到達するのである。光の民は、ここ北辰北斗七星方堂《かくどう》は、まさに〝アーク〟であると伝えてきた。〝アーク〟とは宇宙の強大なパワーを発揮するアイテムで、ここが北辰信仰の十字架上に存在することは、ここから強大なパワーが発せられて龍道を通って全国に拡散することを示している。

日本列島は、北海道が龍の頭であり、尻尾が沖縄であるという。そして日本列島には北から南に流れる大きな龍道が存在するという。

北辰信仰の十字架のライン上を流れる気のエネルギーが、北辰北斗七星方堂《かくどう》と北辰南十字星白堂《びゃくどう》の間にある門に到達した後、近隣にある七つの鉄塔や神社で強化され手稲山の山頂にある手稲神社奥宮に到達し、そこから巨大な龍道を通って一気に全国に広がっていき日本列島を包み込み、五次元への全国的な受け入れ体制が整うという。

第十条件．北の聖地の次世代の救世主とメシア

ここ北の聖地に次元上昇の神事を行うすべてが整った。そして、二〇二六年六月十五日午前十一時十分に北の聖地で大がかりな神事を行う。

北辰北斗七星方堂《かくどう》と北辰南十字星白堂《びゃくどう》の間にある天上夢幻の広場にある円形花壇の石柱のオブジェが、茨城県の竜ケ崎森林公園にある石柱のオブジェと対応している。

文教寺《ぶんきょうじ》の向かい側に位置する北辰北極星方堂《かくどう》の裏手に、皐姫《さつきひめ》と平将門公を祀る慰神碑がある。

北辰南十字星白堂《びゃくどう》の南側の広場に円形の丘を作り、その上に一三《いさ》の祠を意味する稲荷社を建てた。

稲荷社には吉祥天を祀り、手前に阿吽《あうん》の一対の獅子を配置した。角がある獅子が猫又で角がない獅子が一三《いさ》の猫であり、この一対の獅子は吉祥天の式神を表す。この稲荷社は銚子市の地球が丸く見える丘と鏡面反転で対応しているという。

二〇二六年の神事の時には、玄武の役割のメンバーとその奥さんと二人の子供が一三《いさ》の祠に集まることになる。この四名にはそれぞれ役割があり、父親が玄武の役割で黒龍がついており、その奥さんは対馬の巫女の末裔である。二人の子のうちの男の子は天神様の御魂を持ちその意志を引き継ぎ、女の子は吉祥天の御魂を持ちその意志を引き継ぐ。

ここ北の聖地には、札幌市東茨戸のドリームノアの裏手にあるご神木と天神様の祠がある。ご神木と天神様の祠の前には〝天神様の細道〟ができあがっている。その場所には、光明と光明の奥さんが集まる。

札幌市東茨戸のドリームノアの裏手にあるご神木と天神様の祠、天神様の細道は、鏡面反転して手稲山の頂上の白龍大神を祀る手稲神社奥宮に対応する。

天神様と〝天神様の細道〟が〝輪《りん》〟に対応する〝静〟であり、隣にあるドリームノアの施設が〝錫《しゃく》杖《じょう》〟に対応する〝動〟であり、この二ヵ所には〝静〟と〝動〟の鏡面反転が成り立つという。

天上夢幻の広場にある円形花壇の周りでは、二〇二六年六月十五日に宇宙最高神〝ブラフマー〟から教えていただいた五節舞《ごせちのまい》の代わりになる舞を行う。

ご神木と天神様の祠

第十一条件．北の聖地の円形花壇に〝夢想花〟を植えると〝無縁花〟に変わる

北辰北斗七星方堂《かくどう》と北辰南十字星白堂《びゃくどう》の間にある天上夢幻の広場に、弥勒菩薩が現れる場所とし

て円形の花壇を作った。この円形の花壇に夢想花を植えると、それが無縁花に変わるという。〝無縁〟が〝りん〟を表し、円形の花壇の〝円〟と〝錫杖〟を合わせて〝無限〟になる。錫杖と仏と神を合わせると〝無限〟を意味する。

〝動〟を示す動きが神、そして静けさを示す〝りん〟が仏、それらの全てを合わせた言葉が〝無限〟であるという。

二つの〝りん〟をつないで永遠に結ぶと〝∞〟、つまり無限を意味する。無限とは、無限大ではなく、神と仏を合わせたものが無限の意味であるという。

神の方は〝動〟だから〝夢想〟で、仏の方は〝りん〟だから〝無縁〟、この〝静〟と〝動〟の二つを合わせて結ぶとそれが〝∞〟の形となり〝無限〟の意味になるという。

二〇二六年に、ここで行う神事の名前は〝天上夢幻〟であり、この時に『天上夢幻』という曲名の音楽を流すことになる。

第十二条件．五次元に行くことができない人たちの移行場所

光明は、大師からあるアニメ映画を見るようにというメッセージがあり、そのアニメを見た。そのアニメの主人公は、今、いじめられるなど不本意な境遇であった。ある出来事が引き金となって、そのいじめが始まる原因となるその過去のあるポイントに戻ることになり、その後、現代に戻った。そういう事を繰り返しながら未来を変えるという内容であった。

結局、主人公は、元の根源となる邪なる人間を退治しないとまた同じ繰り返しになることが分かり、また過去に戻って自分が悪の根源となる人間を抹消することを決意する。よく調べてみると、どうやらその悪の根源であるその相手も未来から過去に戻って過去を変えていることがわかったという内容であった。

光明は、そのアニメを見て寝た時、大師から次の様に聞かされた。

大師も何度も過去に戻ったという。ただ、戻る度に次元が違うし、場所も人も違っていたという。そのような状況では、異なる世界に戻された様な感じがしたという。過去に戻されて自分の人生を全うする時、行う事は決まっていたので、迷わずその方向に向かって事を成し十回目の時を過ぎた。十一回目に来た時に世の最後の次元上昇の準備をしたが、最初に自分が時間をかけて練りに練った計画を準備していた場所に戻されたという。

結局、一番未来を良い方に変える可能性のある未来に飛ばされた。その未来とは、今の我々の世界であり、現在が最後の十一番目の時、つまりラストチャンスであるという。したがってこの世の最後の次元上昇を成功させるために、大師が綿密に計画して準備してきたものが必ず役立つというのである。

今、大師は創造主のあり方を見せるという。

その星（惑星）における人間の御魂の寿命は数字でいうと十一だという。その後、十二で魔を抑えて、次に十三、つまり、十三《いさ》になった時、天上に残るか、自分が手を挙げて下の次元の世界に戻ることが選択できる。十三《いさ》の半ばまではその星の空間を維持できるが、十四になる時に全くその星は消滅するという。

ターニングポイントである二〇二二年を過ぎると、宇宙的な存在が目の前に現れてくるという。それらの存在は菩薩の力を持っているという。それは、この三次元でも、次のステップを踏んで生き残れる様な成功テクノロジーを持った宇宙人が人々を導いてもよい年に入ってくるという。

この三次元に残された人たちは、御魂のレベルに応じて、さらにいくつかの段階に篩《ふるい》い分けがなされ、三次元の中で人が生きて行ける星に移住させられる。そしてその星は環境の度合いで数段階に分けられているという。

御魂のレベルが高い人たちは宇宙的な存在の文明に招き入れられる。要するに宇宙的な存在である成功者と一緒に将来的に御魂が次の次元に上がることを目指すのである。

二番目は、成功はしていても少し環境が悪い惑星に移される。

三番目は、成功はしていてもさらに過酷な環境の惑星に移される。

最後の四番目になると、数種類の人が集まる環境が劣悪な星になる。

光明は大師に「その最後の四番目の世界とはこの我々が住む世界のことですか」と聞いた。大師は、

「よく分かったな。その通りだよ。ここの空間こそが一番過酷であり、地獄に近いのだ。今はまだよいが、これから先、さらに環境が悪くなってくる。そこでどう生きるか、御魂はそこでどのように変わるかにかかっている」という。

第十三条件．光の民のＵＦＯが麦畑を飛び回る理由

大師から次の通信があった。光の民のＵＦＯがなぜ麦畑を飛び回っているか、その理由を教えると伝えられた。

最初に神は茨《いばら》の刺《とげ》を使って、地上の空気中に存在する邪の根源となる毒の量を測定していたという。次にもっと良い方法として、神が考え出したのが竹であった。竹を調査することによって人の御魂のレベルが収穫するに値するかどうかを見極めることができた。しかし、竹の分布は限定的であるため、ごく一般的な食物として大師が考え出したのが麦であったという。

麦は、世界中で食料として栽培され広く分布するようになった。麦は収穫すると粉の状態でも貯蔵でき、しかもパンや麺など様々な食品に加工できる。この麦を、地上の空気中に存在する邪の根源となる毒の測定に使用することは正に一石二鳥であった。

創造主が一二〇〇年周期で人の御魂の受け入れを始めるが、光の民はその五年前からこの地上に訪れて麦畑を調査しているという。しかし、その光の存在は人には見えない。その時、光の民が見えて通信できる者を一人選び出して、光の民の存在を世に広める役割を与えるという。そこから波紋が広がっていって、ごく一部の人だけが目覚めることになる。

その中から、光の民が受け入れることができる御魂を持つ人だけを選び出す。それは、いきなりこの次元から次の上の次元に行ける人を選び出すことになるが、その数はごく僅かであるという。これは、光の民が種を撒《ま》いて、育った作物の中で最上級の品種の作物だけを選んで刈り取る収穫に例えられる。それが光の民が行う御魂の第一波の篩《ふるい》であり、最上級の〝収穫〟であるという。

我々ドラゴンプロジェクトの役割は、それから数年後先にある、次の第二波の御魂の篩《ふるい》において、光の民から受け入れられる人の数をできるだけ増やすことであり、受け入れのバロメーターを取り決めて、篩《ふるい》を分かりやすくすることである。

第十四条件．我々のプロジェクトの役割はこの世の篩《ふるい》のシステムを作ること

光の民が降りてきても、その人の御魂がかなりのレベルに達していないと、上の次元へすくい上げることはできない。それぞれの人の御魂のレベルに応じて篩《ふるい》の順番が決められるという。

第一波目の篩《ふるい》では御魂のレベルがかなり高いごく少数の人が光の民の星に行く、数年後の第二波目の篩《ふるい》では御魂がかなりのレベルに達している人だけが光の民の星より少し環境が落ちた星に行く、第三波目の篩《ふるい》では残りの多くの人が過酷な環境の星に行くことになるという。

この宇宙において必要がない邪悪な御魂は、三つの篩《ふるい》のいずれにも該当することはなく、その都度、内側に針がついた四角いキューブに閉じ込められて永遠の暗黒宇宙を彷徨《さまよう》ことになるという。

各段階の篩《ふるい》において、地上に光の民の存在を世に広める役割を与える数人の人が地上に現れるシステムが作られる。そういうシステムができた時、その段階の篩《ふるい》が完成するという。

現在の段階は次の数年後の第二波目の篩《ふるい》に向けての準備段階である。第二波目の篩《ふるい》は一度で終了することなく、数年おきに何度か訪れるであろう。

人は十一回生まれ変わると以前にも述べたように、星はそれより少し長く維持できる余裕が与えら

れているという。その余裕は数百年ぐらいなのかは明確ではないが、残された期間内で最終的な受け入れが完了したときに地球は残すべき御魂を収穫する畑の役目を完全に終えるという。

我々のプロジェクトでやるべきことは、この世の三次元的な篩《ふるい》のシステム化であるが、それを具体的にどうするかを常に模索している。

例えば、光の民のメッセージを動画配信して広く世の人々に届けること、光の民という存在がこの世に一本の糸を下げていることに気づいてもらうこと、『龍神里親フォーラム』で北の聖地の我々の施設に多くの人たちに来て頂き、直接話を聞いてもらってメッセージを感じ取ってもらうこと。これにより、その人の中で光が一層強くなり、今まで暗闇だった人が光を持つ可能性がある。

これらの現象が、ここ北の聖地から波紋を描くように全国に広がっていくことで光の強い人のバロメーターが決まっていくという。

第十五条件．当時、大師は神格化された預言者として受け入れられたが、今の世は状況が異なる

大師は光明に「今の世は少しおかしい」と語った。光明は「それは何ですか？」と尋ねると、大師は次の様に語った。

「今まで、我は様々な歴史をこの目で見てきた。それぞれの時代の預言者は一目置かれる人が多かった。我もそうであるが、其方も預言者みたいなものである。しかし、今の時代は其方を預言者と受け

入れていない。その点がおかしい。それだけ今の世は人々の魂がすさんだ状態であり、光の民のメッセージが人々に受け入れられることが難しくなっている。我が世に出たときは、皆が我の言葉に耳を傾けたものだ。今の時代、其方の言葉に耳を傾けても、すぐに忘れる人が多いだろう。それは、この世に邪の毒が蔓延《まんえん》し、その毒で脳が侵されて正しい判断ができなくなっているからだ。其方一人では無理であろう。だからこそ四神《ししん》の力で協力し合うことが重要なのだ。我の時は一人で十分であった。我が伝えたら皆が進んで動いてくれた。他の時代の預言者の場合も同様であった。しかし、それは神仏、神社などの神格化されたものが合わさって、世の人々に認められたからだ。しかし、今の時代は昔と異なって神格化された存在だけでは、皆が受け入れない。神格が通らない時代において、人々に伝えるほど難しいことはない。我の時代とは異なり、伝える方法を考えなければならない。我が伝えている、光の民のメッセージを小説や映画にして伝えることで人々を感動させ、光の民のメッセージを伝えていく方法は間違いがないであろう」

第十六条件．過去の三つのパラレルワールドが重なることで次元上昇が三回起こる

皐姫《さつきひめ》の慰神碑が完成した二〇二一年夏頃から、三つの成功した時空が今のよじれた時空に重なり、四本のタイムラインが一本となって未来に向かって進んでいる。

つまり、今のよじれた時空に三つの成功した時空が重なって進むことで本来あるべき正しい未来に補正されながら、同時に今までのタイムラインとは異なる新しい時空ができ上がることを意味する。

以前に一部説明したが、皐姫《さつきひめ》の慰神碑が完成した二〇二一年夏以前では、十のパラレルワールドが既に消滅して、この世の次元だけが最後の十一番目のパラレルワールドとして存在してきた。しかし、二〇二一年夏頃から、フリーズしていた三つのパラレルワールドが成功したパラレルワールドとして復活して、我々の世界に重なって進むことになった。

そのため、この世の次元上昇があと三回起こる可能性が出てきたという。なぜかというと、次の成功した未来が三つ残ったことになるからである。

日本三大怨霊といわれる菅原道真公、平将門公、崇徳天皇の過去の歴史が正され、この三人の成功した世界が一つに重なって進んでいくと今までの世界が進んで行く未来とは異なり、我々の世界は正しく進化していく未来に向かって進んで行くという。

第十七条件．我々が最終的に知っておくべきこの次元に隠された門

我々が最終的に知っておくべき門がある。それはこの次元に隠され様々な空間に行ける門である。その門は神仏で成り立っているという。門の中の世界は神、門の外の世界は仏が守っているという。その門をくぐる前の右に阿弥陀如来、左に薬師如来、その門の隣に大勢至《だいせいち》菩薩、その隣に文殊《もんじゅ》菩薩の四体の仏が並んでいる。

大勢至《だいせいち》菩薩と文殊《もんじゅ》菩薩の前にもう一つ門があり、薬師如来と阿弥陀如来の前にも門が一つあるという。

薬師如来と大勢至《だいせいち》菩薩の間に鳥居がある。そこに宇迦之御魂《うがのみたま》の五芒星《ごぼうせい》の神社があって、その鳥居をくぐって奥に行くと、かぐや姫が行った世界があるという。その世界に月読命《つきよみのみこと》がいらっしゃるという。一方、逆側の方の神の方に近づくと、逆側の門では春日大社《かすがたいしゃ》が守っているという。

薬師如来と阿弥陀如来と仏が守る門は、巨人でも入れる様な大きな門構えだという。しかし、薬師如来と大勢至《だいせいち》菩薩の間にある門は、限りなく小さく、普通の人が通れる位の鳥居があって、その鳥居をくぐると門があるという。その先に進むと、月読命《つきよみのみこと》の月の世界があり、それは白夜の世界であるという。我々の調査では、まだそこまで辿《たど》り着いていない。

今後の調査で高千穂に訪れると、月読命《つきよみのみこと》、宇迦之御魂《うがのみたま》、春日大社《かすがたいしゃ》に関する情報が入ってくるので、見落とさずに見て回るようにと伝えられた。

九．北の聖地の結界と龍道

第一条件．白髪の老女の訪問

北の聖地に不動明王をお祀りしている文教寺がある。この文教寺は北の聖地の北辰信仰の十字架の東西のラインの西側に当たるのである。

二十三時頃、白い作務衣を着て金色の袈裟をつけた白髪の老女が光明の家を訪ねてきた。その白髪の老女は傘をさして玄関前に立ち、文教寺に関することを光明に話して帰った。

その時は光明の奥さんもいたので、二人でその老女の訪問を確認している。

光明夫婦は、近所の変なお婆さんが、とんでもない格好して来たと思っていた。その老女は、光明に文教寺について次の内容を皆に知らせるようにと語った。

その内容は、『文教寺』の〝教〟は、本当は京都の〝京〟という字を書き、〝寺〟は〝時〟と書くので、『文教寺』は『文京時』の意味があり、東京の文京区に不動明王を祀るお寺[注二）]があり、そのつながりの寺であると語った。

光明は「そうなのですか。ツアーの時にお詣りする場所なので、そのことを付け加えた方がいいで

注二）東京の文京区にある不動明王を祀るお寺を調べてみると、この寺は、目赤不動として知られる不動明王を祀る天台宗の大聖山東朝院　南谷寺《なんこくじ》ではないかと思われる。

すね」と言うと、その老女は「ぜひ、皆さんに語る時、そのことを付け加えた方がいいですね」と言った。

光明は「有難うございました」と言ってドアを閉めた。

光明は、ずいぶんと『文教寺』について詳しいので、おかしいと思って、すぐドアを開けて外を見た。しかし誰もいなかったのである。

その日の夜間に光明宅を訪れて、文教寺《ぶんきょうじ》の話をしたこの女性は、光の民から通信を受け、大正時代の末期に全財産をつぎ込んで文教寺《ぶんきょうじ》を建てた。その後、仏門に入り生涯をかけて近隣に不動信仰を広めたのである。もちろん、この女性は既にお亡くなりになっている。

この文教寺は、今では裏にある八十八ヵ所の仏像も野ざらし状態である。

光の民から、文教寺《ぶんきょうじ》の裏の八十八ヵの全ての仏が向かいの我々が建てた「北辰北極星方堂《かくどう》」に引っ越して来られた。文教寺《ぶんきょうじ》を建てた女性はさぞかし無念であったであろう。

光明の前に現れた白髪の老女は、文教寺《ぶんきょうじ》は〝文京時〟だと語った。つまり〝文京時〟は〝平安時代の京の時〟を意味するのであろう。

これは、弘法大師や桓武天皇が関与して建てられた当時の平安京、京の都がどれだけ大事であるかを物語る。

第二条件．ドラゴンプロジェクトと『文教寺』との深い関わり

ドラゴンプロジェクトと文教寺は深い関わりがあるので、ここで少し説明を加えておく。

昭和初期に、材木商を営んでいた夫婦に不動明王からお告げがあり、その夫婦は全財産を注ぎ込んで文教寺を建てた。その夫婦は、今、我々の施設〝北辰北斗七星方堂《かくどう》〟が建っているこの土地で材木商を営んでいたことがわかった。

この寺を管理する総代に文教寺の中を案内された時、この寺を建てた女性の写真が飾ってあった。その写真を見た光明は、五百羅漢像を展示していた建物から出ようとした時「あなたは、この世を導き大きな事を成し遂げるでしょう」と語った女性が、この文教寺を建てた女性であることが分かった。もちろんその女性は昔に亡くなっている。

光明が宇宙との繋がる力の封印が解けた五十歳の頃、オレンジ色の城の形をした大きな飛行物体がこの文教寺の上空に長時間留まっているのを見た。

その時、光明の前に不動明王が現れ、「この文教寺が今後、重要な寺になる。この寺を建て直すべし」というメッセージを受けたのである。

そして、二〇二〇年の冬、この寺を管理する所に行って、文教寺の雨漏りがする屋根の修復には一千万円程掛かるが、その費用を全てこちらが負担するので修復してくださいと頼んだ。しかし、その後連絡は何もなかった。

文教寺の裏にある八十八ヵ所の仏像も野ざらしであり、風化で顔などが欠けているあり様であった。

その様な状況の中、二〇二〇年五月頃、文教寺の正門前の向かいの土地が空き地となって売りに出

た。その頃、光明に次の様な通信が入った。
「文教寺の向かいに位置する土地に施設を建て、一階に大きな和室を作り、その部屋の中に、文教寺の鳥居の真正面になる位置に鳥居を建て、壁に龍神の壁紙を貼り、部屋には大日如来と弘法大師、吉祥天の仏像と八十八ヵ所の仏像をお祀りするように」というメッセージであった。

私は、すぐその土地を購入し、二階建ての施設を建てるように動いた。施設は二〇二〇年十一月に完成した。この施設が「北辰北極星方堂《かくどう》」である。「北辰北極星方堂《かくどう》」は「方堂《かくどう》」であり、既存の神社や寺とは異なる〝方堂《かくどう》〟である。

当別ダムから当別神社の南北の線と文教寺から「北辰北極星方堂《かくどう》」そして「北辰北斗七星方堂《かくどう》」までの東西の線がつながって、北辰信仰の十字架になっているのである。

そして、仏像が全て揃った二〇二一年二月三日の節分の日、光明に、二月三日に文教寺の仏がすべて、向かいにある北辰北斗七星方堂《かくどう》に引っ越してきたという通信が入った。

二〇二一年六月から北の聖地ツアー『龍神里親フォーラム』を実施しているが、この「北辰北極星方堂《かくどう》」もこのコースに入っている。

二〇二一年五月頃、光明に、皐姫《さつきひめ》の慰神碑を〝北辰北極星方堂《かくどう》〟の裏の土地に建てるようにという通信が入った。

慰神碑のデザインや鳥居や石の配置や稲荷社の配置などの具体的な内容の通信を受け、急いで作業に取りかかり二〇二一年六月末頃に完成した。

二〇二一年七月七日午前十一時十一分、地元の神社の神主さんに来て頂いて慰神祭を開催した。その慰神祭の時、光明は、慰神碑の花を植えているプランターの上の空間を三人の羽衣をまとった天女が愉しそうに舞っているのを見た。光明に入った通信によると、皐姫《さつきひめ》は三人姉妹であったという。

おわりに

ドラゴンプロジェクトのコンセプト

我々のコンセプトは、〝未来の扉を開けるために必要なのは、他人を思いやる優しさ、そして夢と希望、新しい一つの未来を照らすことが、先の未来を照らすことにつながる〟。

できるだけ多くの人が光の民からのメッセージを正しく受け止め、人間本来の優しい心を取り戻していただくこと。そして日本を元気にすることが、我々の使命である。

・ドラゴンチャンネル関連ＵＲＬ

ドラゴンチャンネルでは、光明の不可思議な体験と高次元の光の民からのメッセージを皆さんにお伝えしている。また、地上波では流すことができない奇跡の動画も紹介している。。

・Dragon Channel
https://www.youtube.com/channel/UC-WLHEdLbQs3xRGXH5XqOcg/videos

・Dragon Channel Twitter でも最新配信&ハイライト配信をツィート
https://twitter.com/DragonChannelTW

【サブチャンネル】

・全国のパワースポットを巡る　一三の旅－いさのたび－
https://www.youtube.com/channel/UC2H8zZiGX7LfXfGCSa9l4Vw

・ドラゴンプロジェクトのホームページ
https://www.dragonchannel-hp.com/dragon/

・白龍《はくりょう》cooking
肉、魚貝、卵などの動物性の食材は使わない〝美味しくかつ心も身体もリフレッシュする健康的な料理〟を紹介。
https://www.youtube.com/channel/UCFlfAYp1d_NNIsddw6-8ZyA

【著者紹介】

白龍虎俊（はくりょう たけとし）

1957年生まれ。北海道大学卒業後、外資系製薬会社に勤務。

1995年に医薬品広告会社を設立し代表取締役就任。

2006年に医薬品の開発を行う大学発ベンチャー企業を設立し代表取締役就任。

2019年に光の民の1200年間にわたる壮大な計画を実施するための会社を設立し代表取締役就任。

現在、ドラゴンプロジェクトの実施及び全国の聖地の現地調査を実施し、聖地に隠された暗号と高次元宇宙からのメッセージを解き明かしてYouTubeで発信している。また、北の聖地にて、新時代の扉を開くための「導きの書」である玄天《こくてん》経典や小説の執筆などを行っている。

菜食料理など身体に良い料理を紹介する“白龍《はくりょう》cooking”をYouTubeで配信。

『高次元宇宙からのメッセージ　神言密教書　玄天経典 第一巻』（2021年11月刊行）

『高次元宇宙からのメッセージ　神言密教書　玄天経典 第二巻』（2022年5月刊行）

『凡人林さん』（2022年5月刊行）

『短編集 熟言 一巻』（2022年9月刊行）

高《こう》次《じ》元《げん》宇《う》宙《ちゅう》からのメッセージ
神言密教書《しんごんみっきょうしょ》 玄天経典《こくてんきょうてん》 第三巻《だいさんのまき》

2023年7月26日　第1刷発行

著　者　白龍虎俊
発行人　久保田貴幸

発行元　株式会社 幻冬舎メディアコンサルティング
〒151-0051　東京都渋谷区千駄ヶ谷4-9-7
電話　03-5411-6440（編集）

発売元　株式会社 幻冬舎
〒151-0051　東京都渋谷区千駄ヶ谷4-9-7
電話　03-5411-6222（営業）

印刷・製本　中央精版印刷株式会社
装　丁　弓田和則

検印廃止

Printed in Japan
ISBN 978-4-344-94562-3 C0095
幻冬舎メディアコンサルティングHP
https://www.gentosha-mc.com/